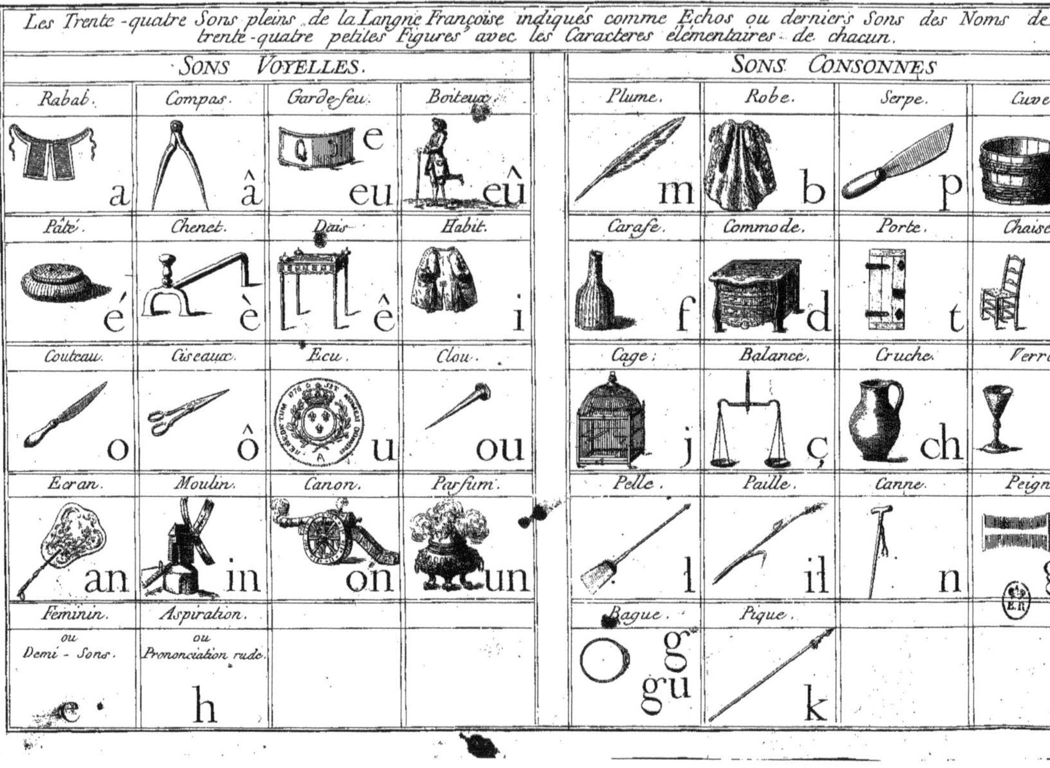

SONS VOYELLES.

Rabat.	Compas.	Garde-feu.	Boiteux.
a	â	e / eu	eû
Pâté.	Chenet.	Dais.	Habit.
é	è	ê	i
Couteau.	Ciseaux.	Ecu.	Clou.
o	ô	u	ou
Ecran.	Moulin.	Canon.	Parfum.
an	in	on	un
Féminin. ou Demi-Sons.	Aspiration. ou Prononciation rude.		
e	h		

SONS CONSONNES

Plume.	Robe.	Serpe.	Cuve.
m	b	p	
Carafe.	Commode.	Porte.	Chaise.
f	d	t	
Cage.	Balance.	Cruche.	Verre.
j	ç	ch	
Pelle.	Paille.	Canne.	Peigne.
l	il	n	g
Bague.	Pique.		
gu	k		

PLAN MÉTHODIQUE

DES PREMIERS PRINCIPES

DE LECTURE

FRANÇOISE,

EN DEUX TABLEAUX

ÉLÉMENTAIRES,

Accompagnés d'un assortiment de Cartes à jouer, imprimées sur le revers, pour en former des Jeux Typographiques, amusans & instructifs.

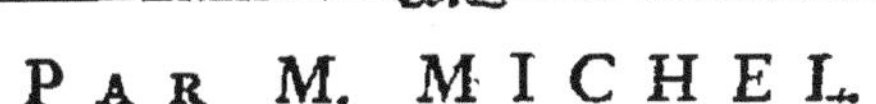

PAR M. MICHEL.

A PARIS,

Chez l'Auteur, rue des Déchargeurs, maison de l'ancienne Poste.

M. DCC. LXXIX.

AVEC APPROBATION ET PERMISSION.

EXPLICATION
DU PLAN.

LA fcience de la lecture, confiftant à favoir donner à certaines figures, dites lettres, certains fons particuliers qu'il a plu aux hommes d'y attacher, pour pouvoir fe communiquer leurs penfées par la parole ; il femble que la connoiffance des fons particuliers ufités dans une langue, devroit naturellement précéder la connoiffance des lettres, qui n'ont été imaginées que pour repréfenter ces fons.

C'eft en fuivant cet ordre, que le premier de nos deux Tableaux préfente 34 petites figures, avec le nom de chacune au-deffus. L'écho ou dernier fon du nom de chacune de ces petites figures, donne un des 34 fons pleins, auxquels on peut rapporter tous les différens fons particuliers, dont fe trouvent formés tous les mots du difcours françois. Au-deffous de la figure, fur le côté eft placé en une ou deux lettres la repréfentation du dernier fon du nom de la figure fous la dénomination de caractere élémentaire de ce fon : enforte que les 34 petites figures procurent ainfi 34 caracteres élémentaires de tous les fons pleins qui peuvent compofer les mots du difcours françois.

Ces 34 caracteres font nommés élémentaires, parce qu'ils font en effet les lettres ou caracteres françois les plus fimples, par lefquels on puiffe repréfenter chacun de ces fons.

A ij

(4)

Les 34 petites figures se trouvent divisées dans ce Tableau en deux bandes différentes, dont l'une présente 16 sons voyelles, & l'autre 18 sons consonnes.

On entend par sons voyelles, les sons de la parole qui font produits par simple ouverture de la bouche sans articulation, c'est-à-dire, sans aucune modification particuliere de son produite par quelqu'un des organes de la bouche, qui font les levres, les dents, le palais & la langue.

On entend par sons consonnes, les sons de la parole qui étant formés, comme les sons voyelles, par une certaine ouverture de bouche, font accompagnés de quelqu'articulation des organes de la bouche. Delà vient que les sons voyelles se peuvent prononcer sans secours des sons consonnes ; au lieu que les sons consonnes ne peuvent se faire entendre pleinement sans le secours de quelque son voyelle.

Dans la dénomination particuliere de chacun des sons consonnes, nous observons de joindre régulierement le même son voyelle auxiliaire après la modification consonne de chacun. Nous avons choisi pour cet auxiliaire le son voyelle *eu*, écho de *garde-feu*, comme étant le plus foible des sons voyelles ; mais cet auxiliaire doit disparoître si-tôt qu'il se présente un autre son voyelle pour le remplacer, soit avant, soit après la modification consonne.

Au bas de la bande des sons voyelles, il y a deux caracteres sans figure, dont le premier représente le demi-son de l'*e* muet ou féminin ; & le second, l'aspiration ou prononciation rude indiquée par la lettre *h* au son initial de certaines voyelles dans certains mots.

Il n'y a pas de mot françois que l'on ne puisse écrire par le moyen unique de ces 34 caracteres ; mais alors presque tous les mots se trouvent sans orthographe, & nullement comme on les trouve écrits dans les livres : néanmoins il n'est pas possible, en suivant les principes ordinaires de lecture, de les lire autrement que s'ils étoient écrits avec la plus exacte orthographe.

On pourroit donc se servir utilement de ces caracteres élémentaires pour dresser des leçons que l'on donneroit à mettre en orthographe, en suivant les principes de Grammaire, & l'usage indiqué par les Dictionnaires.

Mais l'ufage des caraƈteres élémentaires pour former des mots, fuppofe néceſſairement l'art de bien analyfer les mots ; c'eſt-à-dire, l'art de défigner diſtinƈtement chacun des différens fons, dont chaque mot du difcours eſt compofé, en ne prenant jamais qu'une fyllabe à la fois : ce qui fe peut pratiquer, même indépendamment de la connoiſſance diſtinƈte de chacun des mots particuliers du difcours, & en ne faifant que fuivre l'une après l'autre chacune des fyllabes qui compofent le difcours que l'on veut former.

Sur quoi il eſt bon d'obferver que toutes les fyllabes du difcours font ou mafculines ou féminines, avec cette différence que les fyllabes féminines finiſſent toutes par la nuance du demi-fon de l'*e* muet, & les fyllabes maf‑culines fans cette nuance.

Comme cette nuance du demi-fon de l'*e* muet n'eſt comptée prefque pour rien en profe à l'égard des fons pleins de la fyllabe ; on pourroit dans les commencemens fe difpenfer d'y avoir égard, en analyfant en profe ; enforte que fi on a à analyfer le mot *cour* fubſtantif, & le verbe ils *courent*, on analyfe également les deux mots par les trois fons. *k-ou-r* : mais on doit travailler enfuite à fe familiarifer avec cette nuance de demi‑fon ; de maniere qu'en écrivant en caraƈteres élémentaires, on fe mette de plus en plus en état de rendre cette nuance de demi-fon par un petit *e* mis au haut du caraƈtere du fon que l'on veut repréfenter féminin ; & alors pour *ils cou‑rent*, on mettra *k-ou-re*.

Quoique l'on fe trouve en état par la connoiſſance du premier tableau, de repréfenter & de lire tous les mots du difcours françois en caraƈteres élémentaires ; on ne fe trouve pas pour cela en état de lire les mots tels qu'ils font orthographiés dans les livres ordinaires, où chacun des 34 fons fe trouvent repréfentés, prefque toujours d'une maniere bien différente que par les caraƈteres élé‑mentaires ; mais nous nous fervons avantageufement de nos caraƈteres élémentaires du premier Tableau, pour parvenir par un fecond Tableau à la connoiſſance de toutes les manieres différentes fous lefquelles peuvent fe trouver repréfentés dans les livres chacun de nos 34 fons pleins.

Ce deuxieme tableau a deux objets principaux que l'on

ne doit pas confondre. Le premier, est de donner la connoissance des noms vulgaires des lettres de l'Alphabet, aussi-bien que des noms des accents, points, chiffres, & autres figures semblables, & la valeur en lettres des principales ligatures françoises. Le second objet, est de donner la connoissance de l'application que l'on fait dans la langue françoise, de nos 34 sons pleins aux différentes lettres françoises, soit simples, soit figurées, c'est-à-dire, accentuées, pointées ou cédillées, soit en assemblage.

Pour remplir le premier de ces deux objets, ce deuxieme tableau présente d'abord l'Alphabet françois en petites & grandes lettres en forme de colonne, avec le nom vulgaire de chacune entre la petite & la grande lettre, & de plus la valeur en son de chacune au côté droit de la grande lettre.

Nous nommons dans l'Alphabet les lettres du nom vulgaire, dont elles sont en possession depuis si long-temps ; parce que plusieurs des lettres de l'Alphabet se trouvant susceptibles de représenter chacune plusieurs sons différens, suivant les circonstances où elles sont employées ; & de même un seul & même son françois se trouvant quelquefois représenté par plusieurs lettres différentes de l'Alphabet: nous croyons que, lorsqu'il n'est question que de nommer les lettres en général, on ne peut sans inconvénient de confusion nommer chacune d'elles par les sons qu'elles désignent étant employées dans les mots.

Ces noms vulgaires des lettres sont présentés dans ce tableau en caracteres élémentaires, en faveur de ceux qui sont censés ne connoître encore que ces caracteres par l'étude du premier tableau.

La petite étoile marque dans ce second tableau, un caractere élémentaire du premier tableau ; & par-là il est aisé d'appercevoir quelles sont les lettres de l'Alphabet qui ne sont pas employées en qualité de caracteres élémentaires.

Les points de suite.... marquent que la lettre qui y répond, ou ne donne par elle-même aucun son réel: telle est la lettre *h* ; ou ne donne au plus que la nuance du demi-son de l'*e* muet.

Après l'Alphabet, on trouve les principales ligatures françoises, c'est-à-dire, les lettres françoises liées ensemble dans les caracteres des livres : & chaque ligature a fa valeur en lettres à côté.

La colonne fuivante donne la connoiffance des différentes figures qui accompagnent les lettres fuivant les circonftances.

Ces différentes figures, font les accents, points, chiffres, &c.

Les noms de ces figures font mis en caracteres élémentaires, & en abrégé, dont voici l'explication.

ak. èg.	Accent aigu.	trè. du.	Trait d'union.
ak. gr.	Accent grave.	par.	Parenthefe.
ak. çir.	Accent circonflexe.	poin.	Point.
tré.	Tréma.	vir.	Virgule.
çéd.	Cédille.	p. din.	Point d'interrogation.
a-po.	Apoftrophe.	p. dad.	Point d'admiration.

Les noms des neuf premiers caracteres des chiffres, qui en expriment la valeur, fe peuvent apprendre aifément par le moyen de neuf des doigts, en nommant le premier doigt *un*, le fecond *deux*, &c. & le dixieme caractere, fe lit zéro.

Le premier objet de ce tableau fe trouvant rempli par la connoiffance du nom des lettres, de la valeur en lettres des ligatures, & du nom des accents, points, chiffres & autres figures femblables ; ce deuxieme tableau préfente à remplir fon fecond objet, qui eft la connoiffance de l'application que la Langue Françoife fait de nos 34 fons pleins aux différentes fortes de lettres françoifes, foit fimples, foit figurées, foit en affemblage.

L'application de ces fons aux lettres fimples de l'alphabet fe trouve, comme on a déja dit, au côté droit des grandes lettres de l'Alphabet.

L'application des fons aux lettres, foit figurées, foit en affemblage, eft préfentée dans le tableau en deux bandes, dont l'une des voyelles fous ce titre : *fons des voyelles figurées & en affemblage* ; & l'autre des confonnes fous ce titre : *fons des confonnes figurées & en affemblage.*

La petite étoile défigne ici, comme dans l'Alphabet, ceux des caracteres élémentaires qui ont été pris d'entre les lettres figurées & en affemblage.

Deux caracteres élémentaires unis enfemble comme valeur en fon ; d'une lettre ou d'un affemblage de lettres.

défignent un fon diphtongue, comme *kc* pour la lettre *x* &
o è ou *o é* pour l'affemblage *oi* : mais le trait d'union entre deux caractères élémentaires , défigne fimplement des
fons diftincts, foit de différentes fortes, comme *i-l* pour
l'affemblage *il* ; foit de même nature , mais appartenans
à différentes fyllabes , comme *è-i* pour les affemblages
ay ou *ey*.

Dans cette application des fons aux lettres, on confi-
dere ces lettres, ou fans lettres d'accompagnement , ou
avec lettres d'accompagnement.

Nous appellons lettres d'accompagnement, dans une
fyllabe, les lettres qui ne donnant elles-mêmes aucun
fon dans la fyllabe , ne fervent qu'à accompagner pour
l'orthographe les lettres qui y donnent fon , & que nous
nommons pour cette raifon , lettres principales de la
fyllabe.

Les lettres d'accompagnement, peuvent fe trouver ou
au commencement de la fyllabe , comme *f* dans le mot
fchifme & *h* dans *homme* ; ou dans le corps de la fyllabe ;
comme *e* dans le mot *Jean* & *o* dans le mot *paon* ; ou
dans la finale de la fyllabe , comme *ps* dans le mot *corps*
& *ent* dans le mot ils *aiment*.

Les lettres d'accompagnement en finale , font ou en
finale mafculine ordinaire , comme *r* ou *rs* dans le *danger*
les dangers, ou en finale extraordinaire & étymologéti-
que , comme *b*, *bs* dans le *plomb* les *plombs* , ou en finale
féminine , que l'on divife en féminin premier *e* comme
dans *la plume*, je ou il *parle* ; en féminin fecond *es*,
comme dans les *plumes*, tu *parles*, nous *fommes*, vous *êtes* ;
& en féminin troifiemement *ent*, comme dans ils *parlent*.

Il faut obferver que, quoique les lettres d'accompagnement comme telles , ne donnent elles-mêmes aucun
fon plein dans la fyllabe ; plufieurs d'entre elles déter-
minent un des différens fons , dont une lettre principale
fe trouve fufceptible en général : c'eft ainfi que la
voyelle *a* fufceptible en général du fon écho de *rabat*
& du fon écho de *compas*, fe trouve déterminée au premier fon , par la lettre d'accompagnement *t* dans le mot
rabat, & au fecond fon dans les *rabats*, par les lettres
d'accompagnement *ts* : c'eft ainfi de même que l'affemblage *ai* fufceptible en général des fons *è é* fe trouve dé-

terminé au fon *è* par *t* dans le *lait* ou'il *ait* & au fon *é* par *ent* dans *ils aient*.

Après cette application des 34 fons pleins de la Langue Françoife, aux différentes fortes de lettres françoifes, le tableau préfente un *nota* en huit numéros, fur certaines lettres figurées ou en affemblage, dont la fimple expofition peut aifément rappeller les remarques faites fur les exemples qui répondent à ces huit fortes de lettres.

A la fuite de ce *nota*, on trouve des modeles de diphtongues tant voyelles que confonnes, à l'exemple defquelles il fera facile d'en former d'autres fur les mots qui les renferment dans les exemples de l'application des fons.

La derniere colonne du tableau préfente la lettre d'accompagnement initial *h*, les lettres d'accompagnement en finale mafculine ordinaire, un feul exemple en finale mafculine extraordinaire, & les trois fortes de lettres d'accompagnement en finale feminine.

L'application que nous faifons dans ce tableau des 34 fons pleins françois, aux différentes fortes de lettres françoifes, fe trouve toute fondée fur le recueil d'exemples que nous joignons à cette inftruction, & dont la lecture réfléchie fuffira pour former dans l'efprit des principes de lecture fuffifans pour mettre en état de lire avec intelligence dans tous les Livres ordinaires, en fuivant pour épeler, les avis que l'on trouvera ci-après.

Mais fi, lorfqu'il n'eft queftion que de défigner les lettres de l'Alphabet en général, nous confeillons de ne pas confondre les noms des lettres avec leurs fons, & conféquemment de ne nommer alors les lettres que du nom vulgaire qu'elles ont depuis fi long-temps; nous ne pouvons trop recommander, lorfqu'il eft queftion de former des fyllabes pour la lecture, de ne nommer les lettres & affemblages de lettres que par les fons que l'on aura obfervés par les exemples que ces lettres doivent avoir fuivant les circonftances où elles fe trouvent : de maniere qu'en épelant les fyllabes, on n'entende abfolument que les mêmes fons que l'on formeroit en analyfant fimplement les fyllabes fans lecture.

Au refte, lorfque nous faifons difparoître en épelant, l'ufage des noms vulgaires des lettres, nous nous propofons toujours de le faire reparoître lorfqu'il fera queftion de faire rendre compte des lettres qui entrent dans un mot pour l'orthographe ; & c'eſt ce qui montre l'avantage de la connoiſſance des noms vulgaires des lettres, avec la connoiſſance des différens ſons des lettres.

Les cartes à jouer imprimées ſur le revers, que nous joignons aux deux tableaux élémentaires, pour en faciliter l'étude & l'exercice, ſont préſentés en ſix petits paquets, dont le premier renferme les 34 petites figures du premier tableau, collées ſur des revers de cartes. Le ſecond, renferme les caracteres élémentaires des ſons ſans figures. Le troiſiéme renferme les diphtongues voyelles & les diphtongues conſonnes en caracteres élémentaires. Le quatriéme renferme l'Alphabet des petites & grandes lettres. Le cinquiéme renferme les ligatures ou lettres jointes enſemble & les figures qui accompagnent les lettres, comme accents, cédille, &c. & les chiffres. Le ſixiéme renferme les voyelles & conſonnes ſimples figurées, c'eſt-à-dire, accentuées ou cédillées, & les voyelles & conſonnes en aſſemblage comme *ai*, *ch*, &c.

Au moyen de cet aſſortiment de lettres, l'étude des deux tableaux élémentaires eſt propoſée à exécuter en maniere de jeux, que nous nommons Typographiques.

La méthode de ce plan conſiſtant à y monter toujours de degré en degré, de maniere qu'une choſe connue ſerve toujours comme d'un degré naturel pour parvenir à une nouvelle connoiſſance, il ſera aiſé, au moyen des deux tableaux & de ce petit aſſortiment de cartes, de former autant de jeux différens que l'on parcourt de degrés différens de connoiſſances dans la pratique de ce plan.

Ces différens degrés ſont :

1°. La connoiſſance du nom de chacune des 34 figures du premier tableau.

2°. La connoiſſance du dernier ſon du nom de chacune des 34. figures.

3°. La connoiſſance des caracteres élémentaires, deſtinés à repréſenter chaque dernier ſon du nom de chacune des 34 figures.

4°. La connoiſſance des diphtongues voyelles & des diphtongues conſonnes, en caracteres élémentaires.

5°. La connoiſſance des ſyllabes par combinaiſon des caracteres élémentaires voyelles, avec les caracteres élémentaires conſonnes.

6°. La connoiſſance du nom vulgaire de chacune des lettres de l'Alphabet françois.

7°. La connoiſſance de la valeur en lettres des ligatures françoiſes.

8°. La connoiſſance du nom de chacune des petites figures qui accompagnent quelquefois les lettres, comme accents, points &c. & la connoiſſance de la valeur en nombre, de chacun des caracteres des chiffres.

9°. La connoiſſance de l'application des 34 ſons de la Langue Françoiſe, aux lettres ſimples de l'Alphabet françois.

10°. La connoiſſance de l'application de ces mêmes ſons aux voyelles ſimples accentuées, comme *â*, & aux voyelles en aſſemblage, comme *ai*.

11°. La connoiſſance de l'application des mêmes ſons aux conſonnes figurées, comme *ç* & aux conſonnes en aſſemblage, comme *ch*.

12°. La connoiſſance des ſyllabes orthographiées, ſoit ſans lettres d'accompagnement à la fin, ſoit avec lettres d'accompagnement en finale maſculine ou féminine.

Ces douze degrés de connoiſſances diverſes devenant dans ce plan l'objet d'autant de jeux différens ; il n'eſt queſtion pour l'exécution de ces jeux, que de faire uſage de l'aſſortiment de cartes par rapport aux deux tableaux, en ne prenant pour le jeu que l'on veut former que les cartes qui répondent à la partie de l'un des deux tableaux que l'on ſe propoſe d'étudier. Si donc on ne veut étudier du premier tableau, que le nom des figures des ſons voyelles qui font la premiere partie du premier tableau, on ne prendra dans le premier paquet d'aſſortiment, que les figures des ſons voyelles. Si l'on veut étudier les noms des 34 figures, c'eſt-à-dire, les noms des figures des ſons voyelles & des ſons conſonnes, on prendra toutes les cartes du premier paquet ; & ainſi des autres.

Afin de pourvoir à ce qu'il faut pour l'exécution du douzieme jeu, on a joint au paquet de l'Alphabet, un petit aſſortiment de lettres d'accompagnement.

Mais il convient pour ces jeux, d'être muni d'une bourſe à jetons, pour pouvoir marquer le gain & la perte dans ces jeux.

La valeur en nature du gain comme de la perte dans

ces jeux, doit être toute de convention entre le maître & le diſciple.

Il eſt aiſé de concevoir que l'étude que l'on doit faire pour réuſſir dans ces jeux, doit ſe faire toute ſur l'un des deux tableaux; de maniere que ce qu'on aura appris ſur le tableau, s'exécute ſur les cartes de l'aſſortiment qui répondent à cette partie du tableau, & de maniere encore que cette exécution ſe faſſe devant le maître ſans le ſecours du tableau. Ainſi, par exemple, ſi ce ſont les caracteres voyelles que l'on veut apprendre, & ſur leſquels on ſe propoſe de ſoutenir un exercice ou plutôt examen; le diſciple doit ſuffiſamment s'exercer ſur les cartes où ſe trouvent ces caracteres, en les comparant avec les figures du tableau, juſqu'à ce qu'il ſe ſente aſſez fort pour pouvoir nommer ces ſons voyelles en ne voyant plus le tableau, mais les ſeuls caracteres élémentaires. Et alors en répondant juſte au maître ſur la carte que le maître lui préſentera, après avoir battu les cartes, le diſciple gagnera un jeton; ſi au contraire le diſciple ne répond pas juſte à ce qu'on lui préſente, il doit perdre un jeton.

Pour pourvoir à ce dernier cas, il eſt à propos, avant de commencer le jeu, de prêter une douzaine de jetons au diſciple, qui ne doit eſtimer ſon gain que dans les jetons qu'il ſe trouvera avoir gagnés pendant le jeu au-deſſus de la douzaine prêtée.

Les divers exercices que l'on pourra faire avec cet aſſortiment de cartes, diſpoſeront tout naturellement à des exercices d'une bien plus grande étendue, que l'on pourra faire, tant ſur la lecture, que ſur l'orthographe & l'arithmétique, avec notre boîte Typographique, que nous ne faiſons qu'indiquer ici, attendu qu'elle a ſon inſtruction particuliere. Nous obſerverons ſeulement ici que par le moyen du compoſteur de cette boîte, il ſeroit facile de former des leçons de lecture auſſi utiles qu'amuſantes, en choiſiſſant dans le recueil de nos exemples les mots qui ſe trouveroient le plus à la portée des ſujets auxquels on voudra apprendre à lire, & en paſſant toujours par des connoiſſances qui ſervent de degrés les unes aux autres.

EXPLICATION

Du NOTA *du* IIme *TABLEAU.*

I. à, ù, î, û. LES accents fur ces voyelles n'en changent point les fons naturels, comme dans ces exemples : *à Paris, où il eſt, il falloit qu'il fît, qu'il fût, qu'il vînt.*

II. ë, ï, ü. Le tréma, ou deux points fur voyelle, ne fert qu'à empêcher que la voyelle tréma ne faſſe fyllable avec la voyelle précédente, comme dans *Joël, Moïſe, Saül.*

III. ha, he, hi. La lettre fimple *h*, foit afpirée, foit non afpirée, n'ajoute aucun fon à la voyelle qui la fuit ; & elle n'eſt proprement que lettre d'accompagnement, comme dans le *hameau* ou l'*habit*, le *héros*, ou l'*herbe*, le *hibou* ou l'*hiver.*

I V. ail, aill. Dans *ai* fuivi de *l* mouillée, l'*a* n'eſt pas en aſſemblage ordinaire avec *i*, pour donner le fon *è*, comme dans *aimer* ; mais l'*a* feul donne fon naturel, & l'*i* n'eſt que d'accompagnement pour faire mouiller *l*, comme dans *bail, paille.*

V. bb, cc. Les conſonnes doublées ne donnent preſque jamais que le fon de la conſonne fimple, comme dans *Abbé, accord.*

V I. cu, vu. La lettre *u* entre *c* & *e* dans le mot *recueil*, eſt lettre d'accompagnement, fervant à forcer le *c* au fon *k* devant *e*, où le *c* auroit naturellement le fon *ç*, comme dans *recette* ; mais dans l'ancienne orthographe de *vuide*, l'*u* entre le *v* & l'*i* n'eſt que d'accompagnement inutile.

V I I. ge, gu. La lettre *e* entre *g* & *a*, dans le mot *orgeat*, eſt lettre d'accompagnement, fervant à forcer le *g* au fon *j* devant *a*, où il auroit naturellement le fon *gue*, comme dans *garde.* Il en eſt de même de la lettre *u* entre *g* & *i* dans le mot *guide* : cet *u* ne fert qu'à forcer le *g* au fon *gue* devant *i*, où la lettre *g* auroit naturellement le fon *j*, comme dans *gibier*.

VIII. mn, pt, fl, fch. Dans ces quatre affemblages, la premiere confonne de chaque n'eft que d'accompagnement dans ces mots *folemnel*, *comptoir*, *ifle*, *fchifme*; & l'*e* devant *mn* dans *folemnel*, auffi-bien que devant *mm* doublée, comme dans *femme*, prend le fon *a*.

Usage du trait d'Union, de la Parenthefe & de la Ponctuation.

1°. Le trait d'union fert à joindre la fyllabe qui finit une ligne avec la fyllabe qui commence la ligne fuivante, ou un mot avec un autre mot, pour ne faire qu'un mot de deux, comme dans *garde-feu*.

2°. La parenthefe fert à renfermer un ou plufieurs mots qui coupent la fuite naturelle d'une propofition, pour y donner quelque explication, comme dans cet exemple, *le Rhéteur fera obferver (c'eft Quintilien qui parle) comment dans l'exorde (d'un difcours), on fe rend les auditeurs favorables.*

3°. La ponctuation confifte dans certaines petites figures imaginées pour empêcher la confufion qui fe trouveroit dans le difcours, fi les phrafes & propofitions s'y trouvoient fans marques qui les diftinguent & les féparent plus ou moins les unes des autres. Le point marque la plus grande paufe ou féparation, & la virgule marque la plus petite : le point avec virgule & les deux points, tiennent le milieu. Les propofitions ou phrafes interrogatives & admiratives, ont auffi leurs marques particulieres.

RÉGLES à suivre pour distinguer dans un mot les lettres qui font syllable ensemble, d'avec celles qui, dans le même mot, forment une autre syllabe.

1°. Il faut savoir bien distinguer les lettres voyelles d'avec les lettres consonnes, & observer qu'une lettre consonne ne peut jamais faire syllabe à elle seule ; au lieu qu'une lettre voyelle le peut.

2°. Si donc un mot commence par une consonne, soit simple, soit composée, soit diphtongue, on est averti par-là, que l'on est obligé pour la faire sonner, d'y joindre la voyelle qui suit ; & cette voyelle peut semblablement être simple, ou composée, ou diphtongue.

3°. Si après cette voyelle, il se trouve une consonne qui n'ait pas de son voyelle plein après elle ; il nous paroît à propos, contre l'usage ordinaire, de joindre encore cette consonne avec la voyelle précédente, qui fera encore sonner cette seconde consonne ; & la syllabe se trouvera alors composée d'un son consonne, d'un son voyelle, & d'un autre son consonne, comme dans ces mots *robe*, *pique*, *Prêtre*.

4°. Le demi-son de l'*e* muet ne fournissant pas dans la Prose un son voyelle plein, les trois *e* féminins ne font point un obstacle au principe précédent, ensorte qu'on épele également *aime*, *aimes* & *aiment*, en disant par les sons *è-me*.

5°. Lorsqu'après une voyelle il se trouve une consonne, soit simple, soit composée, soit diphtongue, suivie d'un son voyelle plein, la consonne ne se joint pas à la voyelle précédente, mais à la voyelle suivante, comme dans *Paris*, *pâté*, *paquet*, *patrie*.

6°. Si après la voyelle il se trouve deux consonnes qui ne forment pas diphtongue ; alors on joint la première des deux consonnes avec la voyelle précédente, & la deuxieme consonne avec la voyelle suivante, comme dans *parvis*, *Martin*.

7°. Si enfin, il se trouve après la voyelle trois consonnes, dont la premiere ne forme pas diphtongue avec les deux suivantes, on joint avec la voyelle précédente la premiere consonne; & la consonne diphtongue qui suit, se joint avec le son voyelle plein qui suit, comme dans *astronome*; & s'il n'y a point de diphtongue dans les consonnes, la voyelle premiere fait sonner les deux ou trois premieres consonnes, & la derniere des consonnes se joint avec le dernier son voyelle, comme dans *asthmatique*.

RECUEIL D'EXEMPLES

De l'application des 34 sons pleins de la Langue Françoise aux différentes sortes de lettres dans les mots du discours françois.

I. *APPLICATION des sons aux lettres simples de l'Alphabet sans accents, & autres figures.*

a	1. *	amour : le hameau, l'habit : le sofa ; la, ma, ta, sa, cela ; il ou elle a, aura, sera : un bras, tu as, auras, seras ; un rabat, je ou tu combats. †. le tabac, drap, almanach, il est exact.
	2. â	ame, grace, tasse : les ratafias, rabats. † les draps, almanachs, ils sont exacts.
b	*	bateau : Job : la robe, les scribes, ils enjambent : Abbé.
c	1. ç	(devant *e* ou *i*,) Cicéron : la balance, les forces, ils annoncent.
	2. k	(n'étant pas devant *e* ou *i*,) canon, couteau, Curé : un sac ; ils sont secs : accuser.
	3. gue	second.

David.

d	1. *	David : la commode, les falourdes, ils possèdent : addition.
	2. t	(en liaison) un grand homme.
e	1. *	(à la fin d'une syllabe, suivie d'une autre commençant par une consonne simple ; & à la fin des mono-syll. masc.) besoin ; je, me, te, se, ce, que, le.
	2....	(demi-son, lettre d'accompagnement en féminin) j'aime, tu aimes, ils aiment.
	3. é	(suivi en finale de *r* qui n'est pas en liaison) le danger ; il faut aimer Dieu.
		(suivi en finale de *z*) chez ; vous avez, serez.
	4. è	(suivi d'une consonne en même syllabe) estime perte : la herse l'herbe.
		(suivi d'une consonne doublée ou diphtongue) blessure, examen.
		(suivi de *r* en liaison) parler à tems.
		(suivi de *r* féminin) j'espere, tu esperes, ils esperent.
		(suivi de *t* en finale masculine ou fémin.) chenet, palette.
		(suivi d'une syllabe finissant par *eu* ou *e* fémin.) fierement, pere mere.
	5. ê	(suivi de *s* dans les mono-syll. masc.) mes, tes, ses, ces, des, les ; tu es, il est.
		(suivi de *ts* en finale) les chenets.
	6. a	(devant *mm* & *mn*) prudemment, femme, solemnel.
f	1. *	fable : chef ; les ifs : la carafe, les Pontifes, ils agrafent : affaire.
	2. v	(en liaison) neuf heures.
g	1. j	(devant *e* ou *i*) gémir, gibier : la cage, les anges, ils engagent.
	2. *	(n'étant pas devant *e* ou *i*) galon, gobelet : Agag : aggraver.
	3. k	(en liaison) le sang humain.
h	....	(Ne donnant pas de son par elle-même au commencement d'une syllabe ;

B

les exemples ſe trouvent aux voyelles qui la ſuivent.)

i 1. *

image : le hibou, l'hirondelle : ceci, lui, oui, il eſt ami, ils ſont amis; un habit, des habits. † un nid, outil, crucifix : elle eſt amie, elles ſont amies, ils oublient.

2. è

(précéde de *o* en diphtongue) boiſſon; moi, toi, ſoi, quoi.

j *

jamais : puis-je.

k *

(employé ſeulement dans les mots étrangers, eſt remplacé en françois pour le ſon par les lettres *c q qu ch.* voyez ces lettres.)

l 1. *

lange, alcôve : autel, lequel, leſquels : un modele, une pelle, laquelle, leſquelles; il, ils, tu parles, tu appelles; ils parlent, ils appellent.

2. il

(précédée du ſon *i*) Avril, péril, les périls : billet : je ou il brille, tu brilles, ils brillent.

m *

matin : la plume, les armes, ils eſtiment : dommage, je ou il nomme, tu nommes, ils nomment.

n *

nouveau : la cabane, les cabanes, ils ſe promenent : donner ; que je vienne, que tu viennes, qu'ils viennent.

o 1. *

obtenir : la Hollande, l'homme : le numéro : un grelot : † un croc, le galop.

2. ô

les numéros, les grelots.

p *

poudre : cap : la ſerpe, les harpes, ils trompent : appartement, je ou il frappe, tu frappes, ils frappent.

q k

n'eſt ſans l'accompagnement *u*, que dans les deux mots françois *coq, cinq.*

r *

racine, article : la cour, les fleurs † le renard, le corps : j'eſpere, tu eſperes, ils eſperent. arriver; je ou il rembarre, tu rembarres, ils rembarrent.

ſ 1. ç

(ſimple au commencement d'un mot, ou doublée entre deux voyelles.) ſatin,

		afpirer : Mars : je ou il penfe, tu pen-fes, ils penfent : baffin, poiffon ; je ou il chaffe, tu chaffes, ils chaffent.
	2. z	(fimple entre deux voyelles) bafin, poifon : la chaife, tu brifes, ils brifent.
		(en liaifon) les armes.
t	1. *	turban, foutien, baftion : la dot, cet homme : la porte, tu médites, ils montent.
		attentif : une botte, des bottes, ils combattent.
	2. ç	action, attention, patience, prophétie.
v	*	vifion : la cuve, tu arrives, ils arrivent.
x	1. k ç	Alexandre, Félix : le luxe, les axes, ils fixent.
	2. g z	exercice, exifter.
	3. ç	Auxerre, foixante, fix, dix.
	4. z	deuxieme, fixieme dixieme.
		(en liaifon) aux honneurs.
y	1. ii	ayant, ayons, pays : je paye, tu payes, ils payent.
	2. i	(Ethym. grec.) martyr, acolyte.
z	*	Zacharie : Achaz : onze, douze, treize, la gaze, les gazes.

II. *Exemples de l'application des sons aux voyelles simples accentuées, & aux voyelles en assemblage.*

NOTA.

Les accents sur voyelle s'emploient, tantôt pour déterminer une voyelle à l'un des sons dont elle est susceptible, & tantôt pour différencier seulement une sorte de mot d'avec une autre sorte, & en ôter l'équivoque, sans changer le son naturel de la voyelle sans accent.

â	1. *	pâte : hâle : un mât de vaisseau, des mâts.
	2. a	il falloit qu'il parlât ; nous parlâmes, vous parlâtes.
é	*	éponge : le hérisson, l'héritage : un pâté, ils sont salés : une épée, elles sont parées, ils se récréent.
è	1. *	on écrit également fièrement ou fierement, père ou pere, voyez *e* sans accent.
	2. ê	dans certains mots par usage : procès, succès, décès, après.
ê	*	être fête : le hêtre.
ô	*	ôter : hôte, hôtel.
ai	1. é	j'ai, j'aurai, je serai.
	2. è	aimer, le Hainaut : Mai (mois) il est vrai : il faut qu'il ait un souhait, elle est vraie : que j'aie, que tu aies.
	3. ê	des souhaits ; ils sont vrais ; elles sont vraies, il faut qu'ils aient.
aî	ê	maître, haîne, chaîne.

ay	è-i	ayant, ayons, balayer.
aou	ou	faouler, mieux fouler.
au	1. o	au ciel, autel : gruau : il faut : † badaud.
	2. ô	aux cieux : il eft haut ; ils font hauts † il eft chaud ; la chaux.
eau	1. o	de l'eau, beaucoup : agneau.
	2. ô	les eaux, les agneaux.
ei	è	enfeigne, treize, feize.
ey	è-i	affeyez-vous.
&	é	vous, & moi.
eu	1. *	Europe ; heureux : le feu, il eft bleu ; il peut, elle eft bleue.
	2. eû	eux, deux, les feux, ils font bleus ; elles font bleues.
	3. u	j'ai eu, je ou tu eus, il eut, ils eurent.
eû	1. *	le jeûne.
	2. u	il falloit qu'il eût ; nous eûmes, vous eûtes.
œ	1. é	Œdipe (homme.)
	2. eu	œillet.
œu	1. eu	œuvre, bœuf : un vœu.
	2. eû	les vœux.
oi	1. o è	oifeau ; hoir (héritier :) le Roi ; moi, toi, foi, quoi : qu'il foit.
	2. o ê	les Rois, les loix, la voix (du gofier,) la voie (chemin,) les voies, qu'ils foient.
	3 è	connoiffance ; il avoit, il étoit.
	4. ê	je ou tu avois, étois : ils avoient, étoient.
oî	1. o ê	boîte au lieu de boëte, croître.
	2. ê	connoître, paroître.
oy	o è-i	boyau, Doyen, ayant, foyons.
ou	*	vous ou moi, jour : amadou ; nous, vous ; le bout, les bouts, les bijoux † il coud, je ou tu couds ; il eft foul, le pouls, un loup, des loups : je ou il loue, tu loues, ils louent.

Nasales.

aen	an	Caen (ville.)
aim	in	un daim (bête,) les daims.
ain	in	ainsi : le pain, les pains : un saint (bienheureux) les saints.
am	an	(devant *b* ou *p*) ambition, Hambourg (ville ;) campagne : Adam ; † un camp (d'armée,) les champs.
an	*	un an ; la hanche : un ruban, des rubans : un enfant, des enfants † un banc, un gland, un étang.
aon	an	un paon (oiseau,) des paons.
ean	an	Jean (homme.)
ein	in	feindre : un dessein, des desseins, le teint, les teints † le feing (signature.)
en	1. an	en ville ; Henri ; mentir : le ou les sens ; un accent, des accents : il rend, je ou tu rends † le hareng.
	2. in	† un examen.
em	an	(devant *b* ou *p*) embarras, emploi : † le ou les temps ou tems, il est exempt ou exemt.
eun	un	à jeun.
im	in	(devant *b* ou *p*) gimblette, impression.
ym	in	nymphe ; le thym (plante.)
in	*	indigne : le moulin, les moulins † un instinct, vingt pistoles, cinq sols.
yn	in	syndic.
om	on	(devant *b* ou *p*) ombre ; hombre (jeu ;) compagnon : le nom, les noms † le plomb ; il est prompt, ils sont prompts.
on	*	on dit ; la honte : un canon, des canons ; mon, ton, son devoir ; nous avons, serons ; ils ont, ils sont ; les affronts. † du jonc, un gond, il est long.
um	un	humblement : un parfum, des parfums.
un	*	un livre ; lundi : chacun, les uns ; le défunt, les défunts.

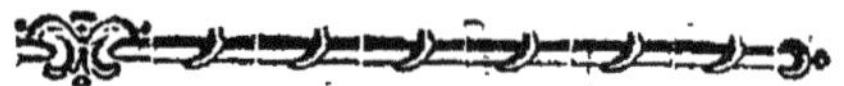

I. *Exemples de l'application des sons aux consonnes cédillées & apostrophées, & aux consonnes en assemblage.*

ç c'	*	(la cédille force le *c* au son *ç* devant *a o u,*) il plaça, il plaçoit, il conçut. (l'apostrophe tient la place de *a* ou *e* ou *i* retranché) c'en est fait, d'adorer, j'ai, j'honore, l'enfant, m'entendez-vous ? n'attirons pas, qu'il, qu'elle, s'attribuer, s'il vient, il doit t'estimer.
ch	1. *	charité : la cruche, les cruches ; ils attachent.
	2. k	Eucharistie ; chœur de musique : Christ, Chrétien.
gn	*	ignorance : un peigne, des peignes ; ils épargnent.
il	1. *	(précédé de *a e eu ou*) un éventail, des éventails ; un conseil, des conseils, un fauteuil, des fauteuils, du fenouil (plante.)
	2. i-il	(précédé du son *i*) Avril, le péril, les périls.
	3. i-l	il est, un fil, ils sont subtils.
ill	1. il	(précédé de *a e eu ou*) baillage, meilleur, feuillet, bouillon : je ou il travaille, tu travailles, ils travaillent ; je ou il conseille ; tu conseilles, ils conseillent ; que je ou il veuille, que tu veuilles, qu'ils veuillent ; je ou il fouille, tu fouilles, ils fouillent.
	2. i-il	(renfermant le son *i*) billet : je ou il brille, tu brilles, ils brillent.
	3. i-l	la ville, mille ; les villes.
qu	k	quatre, quarante ; qui, que, quoi, lequel ; une pique, des piques ; ils remarquent.

ph	f	Pharaon : Joseph : un Philosophe, des Philosophes, ils triomphent.
rh	r	Rhétorique : donner des arrhes.
th	t	Théologie ; Luth ; Marthe (femme.)
ſc	1. ç	ſcene de théâtre , ſcience.
	2. çk	ſcandale , ſculpteur.
ſç	ç	ſçavoir (adv.) pour ſavoir.

Exemples de voyelles Diphtongues.

ia	1. *	fiacre : le ratafia ; il étudia, tu étudias, le noviciat.
iâ	2. iâ	les ratafias, les noviciats.
	ia	nous étudiâmes , vous étudiâtes, qu'il étudiât.
iai	1. ié	hier j'étudiai.
iau	2. iê	biaiſer, niais.
	io	miauler.
ie	1. ié	le papier , les papiers ; on doit étudier cela , vous étudiez bien † le pied , je m'aſſieds.
	2. iê	étudier aſſez , ils étudierent.
ié	*	il eſt étudié , ils ſont étudiés ; elle eſt étudiée , elles ſont étudiées.
ieu	1. *	Lieutenant , le milieu.
	2. ieû	les cieux : une lieue, deux lieues.
io	1. *	babiole : un idiot.
	2. iô	les idiots.
ioi	1. ié	il étudioit.
	2. iê	je ou tu étudiois , ils étudioient.
iu	*	ſciure de bois.
oi	1. oé	boiſſon : moi , toi, ſoi, quoi ; qu'il ſoit.
	2. oê	le ou les bois ; que je ou tu ſois, qu'ils ſoient la voix (du goſier , la voie (chemin) les voies , ils aboient.
oî	oê	croître , boîte & non boëte.
oy	o è-i	royaume.

oua	*	il loua, joua.
ouâ	oua	nous louâmes, vous louâtes, qu'il louât.
oue	1. oué	il faut louer Dieu ; vous louez.
	2. ouè	le jouet, fouet ; jouer ensemble, ils jouerent.
	3. ouê	les jouets (bijoux) les fouets.
oué	*	il est loué, ils font loués : elle est louée, elles font louées.
oui	*	oui, cela est : il est réjoui, ils font réjouis, elle est réjouie, elles font réjouies.
ouoi	1. ouè	il louoit, jouoit.
	2. ouê	je ou tu louois, jouois ; ils louoient, jouoient.
ua	*	il fua, tua.
uâ	ua	nous fuâmes, tuâmes, vous fuâtes, tuâtes ; qu'il fuât, tuât.
uai	1. ué	hier je fuai, tuai.
	2. uè	un fuaire.
ue	1. ué	on peut tuer demain, vous fuez, vous tuez.
	2. uè	on peut tuer aujourd'hui ; ils fuerent, tuerent.
ué	*	il est tué, ils font tués ; elle est tuée, elles font tuées.
ui	*	lui, celui : je fuis, il pourfuit ; † le puits : la pluie, les pluies, ils s'enfuient.
uoi	1. uè	il fuoit, tuoit.
	2. uê	je ou tu fuois, tuois ; ils fuoient ; tuoient.

Exemples de Diphtongues nazales.

ian	*	en étudiant, ayant, les étudiants, faïance.
ien	1. ian	la patience.
	2. iin	bien, entretien ; je ou tu viens, il vient.
ion	*	un pion, des pions, nous avions, étions.

oin	*	le foin, les témoins.
ouan	*	louange ; en jouant.
ouin	*	le tintouin, les marfouins.
ouon	*	louons, jouons.
uin	*	Juin.

Exemples de confonnes Diphtongues.

bl	*	blâmer : je ou il femble, tu fembles, ils femblent.
br	*	brochet : je ou il célébre, tu célébres, ils célébrent.
cl	kl	clergé : le cercle, les cercles, ils raclent.
cr	kr	crime : le fucre, les facres, ils maf-facrent.
chr	kr	Chrétien, Chriftianifme.
dr	*	dragée, craindre ; je ou il cadre, tu cadres, ils cadrent.
fl	*	fleche : je ou il fouffle, tu fiffles, ils foufflent.
fr	*	frontiere : je ou il offre, tu offres, ils fouffrent.
gl	*	glace : je ou il regle, tu regles, ils reglent.
gr	*	grandeur : je ou il dénigre, tu déni-gres, ils dénigrent.
pl	*	plonger : le peuple, les peuples, ils contemplent.
phl	fl	phlegme.
pr	*	prendre : il eft propre, ils font propres.
phr	fr	phrafe.
phth	ft	phthifie (maladie.)
pf	pç	pfeaume.
tr	*	tranquille : la montre, tu entres, ils entrent.
fc	çk	fculpteur, fcandale.

ſcr	çkr	ſcrupule.
ſp	çp	ſpirituel.
ſph	çf	ſphere.
ſpl	çpl	ſplendeur.
ſqu	çk	ſquélette.
ſt	çt	ſtable.
ſtr	çtr	ſtructure.
x	1. kç	Alexandre, Alexis.
	2. gz	exemple, exile.

FAUTE A CORRIGER.

Page 19, entre la lettre *t* & la lettre *v*, il faut mettre la lettre *u* de cette maniere :

u	*	utilité : la huche, l'humeur : la vertu, un ou des abus, le ſalut, les attributs, la morue, les maſſues, ils inſinuent.

C

PRATIQUE

INTERLINAIRE

DU PLAN MÉTHODIQUE

DES PREMIERS PRINCIPES

DE LECTURE FRANÇOISE,

En deux Tableaux Élémentaires.

PRATIQUE INTERLINAIRE.

Re kèil dè gzanpl^e de la pli kâ çi on dê
Recueil d'exemples de l'application des

trant^e katr^e çon plin de la langu^e fran cêz^e
trente-quatre ſons pleins de la Langue Françoiſe

ô di fé rant^e çort^e de lètr^e dan lê mô
aux différentes ſortes de lettres dans les mots

du diç kour fran çê.
du diſcours François.

I. a pli kâ çion dê çonz ô lètr^e çinpl^e
I. Application des ſons aux lettres ſimples

de lal fa bè çanz ak çanz é ôtr^e fi gur^e.
de l'Alphabet ſans accents & autres figures.

a	1°. *	a mour, le ha mo, la bi :
		amour, le hameau, l'habit :

un çо fa, la, ma, ta, ça, çe la; i-l ou èl^e a,
un ſofa, la, ma, ta, ſa, cela; il ou èlle a,

o ra, çe ra : un bra , tu a , o ra , çe ra ; un
aura, ſera : un bras, tu as, auras, ſeras ; un

ra ba , je ou tu kon ba. † le ta ba , dra , al
rabat, je ou tu combats. † le tabac, drap, al·

ma na , i-l êt è gza.   **2°. â** | âm^e, la
manach, il eſt exact. | ame, la

grâç^e , èl^e ê grâç^e lê ra ta ñâ , lê kon bâ
grace , elle eſt graſſe les ratafias , les combats.

lê drâ , al ma nâ , i-l çont è gzâ.
† les draps , almanachs , ils ſont exacts.

| b | ✳ | ba to : job : la rob^e , lêz
bateau : Job : la robe , les

a ra b^e , il-z ab çorb^e : a bé , a bèç^e
Arabes , ils abſorbent : Abbé , Abbeſſe.

| c | 1°. ç | (de vant *e* ou *i*) çi çé ron ;
(devant *e* ou *i*) Cicéron ;

la ba lanç^e , lê forç^e , i-lz a nonç^e.
la balance , les forces , ils annoncent.

2°. k | (né tan pâ de vant *e* ou *i*) ka non ,
(n'étant pas devant *e* ou *i*) canon ,

kou to , ku ré : un çak , i-l çon çêk : a ku zèr.
couteau , Curé : un ſac , ils ſont ſecs : accuſer.

| 3°. gu^e | çe gon.
ſecond.

| d | 1°. ✳ | da vid : la ko mod^e ,
David : la commode ,

lê fa lourdᵉ , i-lz èdᵉ : a di çion.
les falourdes , ils aident : Addition.

| 2°. t | (an liè zon) un grant omᵉ.
            (en liaiſon) un grand homme.

| e | 1°. * | (a la fin dunᵉ çi labᵉ
              (à la fin d'une ſyllabe

çui viᵉ dunᵉ ôtrᵉ çi labᵉ ko man çant par unᵉ
ſuivie d'une autre ſyllabe commençant par une

kon çonᵉ çinplᵉ , é a la fin dê mo no çi la bᵉ
conſonne ſimple , & à la fin des mono-ſyllabes

maç ku lin) be zoin. je, me, te, çe, çe, ke, le.
maſculins) beſoin. je, me, te, ſe, ce, que, le.

| 2°.... | (de mi çoń, lètrᵉ da kon pa-
            (demi ſon, lettre d'accompa-

gne mant an fé mi nin) jèmᵉ , tu po çédᵉ,
gnement en féminin) j'aime, tu poſſédes,

i-lz a dorᵉ. | 3°. é | (çui vi an fi nalᵉ
ils adorent.   (ſuivi en finale

de r ki nê pâz an liè zon) le dan jé , lê
de r qui n'eſt pas en liaiſon) le danger, les

bèr jé ; i-l fôt è mé dieu. (çui vi an korᵉ an
bergers; il faut aimer Dieu. (ſuivi encore en

fi na l^e de ʒ) ché , a çé ; vous a vé , o ré , çe ré.
finale de ʒ / chez , affez ; vous avez , aurez , ferez.

| 4°. è | (çui vi d'un^e kon çon^e an mêm^e |
| | (fuivi d'une confonne en même |

çi la b^e) èç tim^e , pèrt^e : la hèrç^e , l èrb^e :
fyllabe) eftime , perte : la herfe , l'herbe :

(çui vi d'un^e kon çon^e dou blé^e ou dif tongu^e)
(fuivi d'une confonne doublée ou diphtongue /

blè çur^e , pro métr^e : (çui vi de r an li è zon)
bleffure , promettre : (fuivi de r en liaifon)

par ler a kel kun . (çui vi de r fe mi nin)
parler à quelqu'un. (fuivi de r féminin)

jèç pèr^e , tu pré par^e , i lz o pèr^e : (çui vi de t
j'efpere , tu prépares , ils operent : (fuivi de t

an fi nal^e maç ku lin^e è re mi nin^e) che nè ,
en finale mafculine & féminine) chenet ,

pa lè t^e : (çui vi d'un^e çi lab^e fi ni çan par *eu*
palette : (fuivi d'une fyllabe finiffant par *eu*

ou *e* fé mi nin) fiè re man , pèr^e , mèr^e.
ou *e* féminin) fierement , pere , mere.

| 5°. ê | (çui vi de s dan lê mo no çi lab^e |
| | (fuivi de s dans les monofyllabes |

maç ku lin

maç ku lin   )   mê , tê , çê , çê , dê lê ; tu ê ,
maſculins   /   mes, tes, ſes, ces, des les; tu es,

i-l ê   (çui vi de *ts* an fi nal^e ,)   dê na vê.
il eſt \ ſuivi de *ts* en finale , /   des navets.

6°. a	(çui vi de *m* dou blé^e ou de *mn*)
	(ſuivi de *m* doublée ou de *mn*)

fam^e ,   pru da man ,   ço la nèl.
femme , prudemment, ſolemnel.

f	**1°. ***	fâ bl^e : chèf, lêz if ; la ka raf^e ,
		fable : chef, les ifs ; la carafe ,

lê pon tif^e , i-lz a graf^e :   a fèr^e.
les Pontifes, ils agrafent : affaire.

2°. v	(an liè zon) neuv eur^e.
	(en liaiſon / néuf heures.

g	**1°. j**	(de vant *e* ou *i*)
		(devant *e* ou *i*)

jé mir, jibié : la kaj^e , les anj^e , i-lz an gaj^e.
gémir, gibier : la cage, les Anges, ils engagent.

2°. *	(né tan pâ de vant *e* ou *i*)
	(n'étant pas devant *e* ou *i*)

ga lon, go be lè : a gag : a gra vèr.
galon, gobelet : Agag : aggraver.

3°. k	(an liè zon) (en liaifon)	le çank u min. le fang humain.

h	....	(çète lètre ne do nan (cette lettre ne donnant

pâ de çon par èle mêmᵉ o ko man çe man
pas de fon par elle même au commencement

dunᵉ çi labᵉ, lêz è gzanplᵉ de çètᵉ lètrᵉ çe
d'une fyllabe, les exemples de cette lettre fe

trouvᵉ ᵗ ô voè ièlᵉ ki la çuivᵉ.)
trouvent aux voyelles qui la fuivent.)

i	1°. *	i majᵉ : le hi bou, li ron- image : le hibou, l'hiron-

dèlᵉ : çe çi, lui, oui, unⁿ a mi, dêz è ne mi,
delle : ceci, lui, oui, un ami, des ennemis,

un li, dêz a bi.   un ni,   ou ti, kru çi fi :
un lit, des habits. † un nid, outil, crucifix :

unᵉ piᵉ, tu maniᵉ   i-lz èkç piᵉ.
une pie, tu manies, ils expient.

2°. è ou ê	(pré çé dé de *o* an dif- (précédé de *o* en diph-

tonguᵉ) boè çon : moè, toè, çoè, koè, moê.
tongue) boiffon : moi, toi, foi, quoi, Mois.

| **j** | * | ja mê , pui je. |
| jamais , puis-je. |

| **k** | * | (an ploè ié çeu le man dan |
| employé feulement dans |

lê môz é tran jé , ê ran pla çé dan lor toles mots étrangers, eft remplacé dans l'ortho-

grafe par lê lètre voè ié çê
graphe par les lettres *c, q, qu, ch.* voyez ces

lètre.)
lettres.)

| **l** | 1º. * | lànje , al kove : o tèl , le |
| lange , alcove : autel , le |

kèl, lêç kèl : un mo dèle , la pèle , la kèle ,
quel, lefquels : un modele, la pelle, la quelle,

lêç kèle ; i-l, il-ç, èle , èle, tu parle , tu
lefquelles, il, ils, elle, elfes, tu parles, tu

a pèle , touç parle , i-lz a pèle.
appelles, tous parlent, ils appellent.

| 2º. il | (pré çé dée du çon *i*) a vriil, |
| précédée du fon *i*) Avril, |

lê pé riil ; la fa miile , lê fiile , je ou i-l briile ,
les périls ; la famille, les filles, je où il brille,

tu ba biil^e, i-lz é triil^e.
tu babilles, ils étrillent.

| **m** | * | ma tin : la plum^e , lêz arm^e , <br> matin : la plume , les armes, |

i-lz èç tim^e : do maj^e, je ou i-l nom^e,
ils eftiment : dommage, je ou il nomme,

nou çom^e , touç nom^e.
nous fommes, tous nomment.

| **n** | * | nou vo : unⁿ or gan^e , dê <br> nouveau : un organe , des |

ka ban^e , touç çe pro mèn^e : do nèr ; ke je
cabanes, tous fe promenent : donner ; que je

vièn^e , tu don^e , touç vièn^e.
vienne, tu donnes, tous viennent.

| **O** | I°. * | ob te nir, bo kaj^e, la <br> obtenir, bocage, la |

ho land^e , lom^e : le nu mé ro, un gre lo. †
Holande, l'homme : le numéro, un grelot. †

| un kro, le ga lo.
 un croc, le galop. | **2°. Ô** | lê nu mé rô, <br> les numéros, |

lê fa gô.
les fagots.

p	*	poudr^e : kap : la çèrp^e , lê
		poudre : cap : la ferpe , les

jup^e , touç ga lop^e : a par ce man.
jupes , tous galopent : appartement.

q	k	(nê çan la kon pa gne man
		(n'eft fans l'accompagnement

u ke dan lê deû mô *kok , çink.*)
u que dans les deux mots *coq , cinq.*)

r	*	ra çin^e , ar tikl^e : la kour , lê
		racine , article : la cour , les

fleur. † le re nar , le kor : je ou i-l èç pèr^e , tu
fleurs. † le renard , le corps : je où il efpere , tu

kon par^e , i-l çu bir^e , a ri vèr : je ou i-l ran-
compares , ils fubirent : arriver : je ou il rem-

bâr^e , tu ab or^e , i-lz èr^e.
barre , tu abhorres , ils errent.

f	1°. ç	(o ko man ce man
		(au commencement

dun mo , ou dou blé^e antr^e deû voè ièl^e)
d'un mot , ou doublée entre deux voyelles)

ça tin , aç pi rèr : març ; je ou i-l panç^e , lê
fatin , afpirer : Mars ; je ou il penfe , les

ré ponçe, touç ré kon pance : ba çin, poè çon :
réponſes, tous récompenſent : baſſin, poiſſon :

je ou i-l chaçe, tu chôçe, plu zieur pouçe.
je ou il chaſſe, tu chauſſes; pluſieurs pouſſent.

| 2°. z | (çinple antre deû voè ièle)
(ſimple entre deux voyelles)

ba zin, poè zon : une chèze, lê frâze, i-lz
baſin, poiſon : une chaiſe, les phraſes, ils

a buze. (an liè zon) lêz or mô.
abuſent. (en liaiſon) les ormeaux.

| t | 1°. * | tur ban; çou tiin, baç
turban, ſoutien, baſ-

tion; la dot, çèt ome : la porte, tu mé dite,
tion; la dot, cet homme : la porte, tu médites,

lêz un monte : a tan tif; une bote, çète
les uns montent : attentif; une botte, cette

fame, dê kote, touç mète, touç kon
femme, des cottes; tous mettent; tous com-

bate. | 2°. ç | ak çion, a tan çion,
battent. action, attention,

pa çiançe, pro fé çie.
patience, prophétie.

| u | * | u ti li té : la huch^e , lu meur :
utilité : la huche, l'humeur : |

la vèr tu, un ou dêz a bu, lc ça lu, lêz a tri-
la vertu, un ou des abus, le ſalut, les attri-

bu : la mo ru^e, lê ma çu^e, i-lz é tèr nu^e.
buts : la morue, les maſſues, ils éternuent.

| v | * | vi zion : la kuv^e, lêz ar-
viſion : la cuve, les ar- |

chiv^e, i-lz a riv^e.
chives, ils arrivent.

| X | 1°.kç | a lè kçandr^e, fé likç :
Alexandre, Félix : |

le lukç^e, lêz akç^e, lêz ôtr^e fikç^e.
le luxe, les axes, les autres fixent.

| 2°. gz | è gzèr çiç^e, è gziç tançe.
exercice, exiſtance. |

| 3°. ç | ô çèr^e : çoè çant^e, çiç, diç.
Auxerre, ſoixante, ſix, dix. |

| 4°. z | deu zièm^e, çi zièm^e, di zièm^e :
deuxieme, ſixieme, dixieme : |

(an liè zon,) ôz o neur.
(en liaiſon,) aux honneurs.

y	1°. ii	è ian, çoè ion, pèi ; ayant, foyòns, pays;

jè ou i-l dé lèie, tu pèie, lêz un ba lèie.
jè ou il délaye, tu payès, les uns balayent.

2°. i	(é tim. grèk.) (Ethym. Grec.)	mar tir, martyr,

a ko lite.
Acolythe.

Z	*	za ka rie, a kaz : onze, Zacharie, Achaz : onze :

douze, trèze, ka torze, kinze, çèze; lê gâze.
douze, treize, quatorze, quinze, feize; les gazes.

II.	a pli kâ çion dê çonz ô voè ièle Application des fons aux voyelles

çinple ak çan tuée é ô voè ièle an a çan blaje.
fimples accentuées & aux voyelles en affemblage.

no ta. lêz ak çan çur voè ièle çan ploêe
NOTA. Les accents fur voyelle s'emploient

tan tô pour dé tèr mi nèr une voè ièle a lun dê
tantôt pour déterminer une voyelle à l'un des

çon, dont èle ê çuç çèp tible, é tan tô pour
fons, dont elle eft fufceptible, & tantôt pour

di fé ran çié

di fé ran çié çeu le mant un^e çort^e de mo da vek

différencier feulement une forte de mot d'avec

un^e ôtr^e çort^e, é anⁿ ô tèr in çi lé ki vok^e,

une autre forte, & en ôter ainfi l'équivoque,

çan chan jé le çon na tu rèl de la mêm^e voè ièl^e

fans changer le fon naturel de la même voyelle

çanz ak çan.

fans accent.

| â | 1°. * | â te lié, bâ ton : le hâl^e : |
| | | âtelier, bâton : le hâle : |

un mâ de vè ço, dè bâ dân^e.

un mât de vaiffeau, des bâts d'âne.

| 2°. a | i-l fa lè ki-l par la ; nou fla- |
| | il falloit qu'il parlât ; nous fla- |

tam^e, vou re fu zat^e.

tâmes, vous refufâtes.

| é | * | é ponj^e, çé dèr ; le hé ri çon, |
| | | éponge, céder ; le hériffon, |

lé ri taj^e : un pâ té, i-l çon ça lé : un^e é pé^e,

l'héritage : un pâté, ils font falés : une épée,

èl^e çon pa ré^e, touç çe ré kré^e.

elles font parées, tous fe récréent.

| è | 1°. * | (on çe çèr ra re man |
| | | (on fe fert rarement |

de è pour çe çon. voè ié *e* çanz ak çan.)
de è pour ce fon. voyez *e* fans accent.)

| 2°. ê | (dan çèr tin môz o to ri zé par |
| | (dans certains mots autorifés par |

lu zajᵉ) pro çê, çuk çê, dé çê, a prê.
l'ufage) procès, fuccès, décès, après.

| ê | * | ètrᵉ, fêtᵉ, le hêtrᵉ (boê.) |
| | | être, fête, le hêtre (bois.) |

| ô | * | ô tèr, kô ré; lôtᵉ pour lo jèr. |
| | | ôter, côté; l'hôte pour loger. |

| ai | 1°. é | jé, jo ré, je çe ré. |
| | | j'ai, j'aurai, je ferai. |

| 2°. è | è mèr, rè zin; le hè no : mè |
| | aimer, raifin; le Hainaut : Mai |

(moê) i-l è vrè: i-l fô ki-l è, un çouè :
(mois) il eft vrai: il faut qu'il ait, un fouhait:

èlᵉ ê vrèᵉ, ke jᵉ, ke tu èᵉ.
elle eft vraie, que j'aiè, que tu aies.

| 3°. ê | i-l çon vrê, dê çouê : èlᵉ |
| | ils font vrais, des fouhaits: elles |

çon vrê^e , ki-lz ê^e.
font vraies , qu'ils aient.

| aî | ê^ | ê né, mêtr^e , hên^e, chên^e. |
| | | aîné , maître , haîne, chaîne. |

| ay | è-i^e | è ian , è ion ; ba lè ièr. |
| | | ayant, ayons ;. balayer. |

| aou | ou | çou lèr, (mieû |
| | | faouler, (mieux) |

çou lèr.
fouler.

| au | 1°. o | o çièl, o tèl (pour |
| | | au ciel , autèl (pour |

ça kri fiç^e) gru o : un dé fo : † ba do :
facrifice) gruau : un défaut : † badaud :

| 2°. ô^ | ô çieû : i-l ê hô, i-l çon |
| | aux cieux : il est haut, ils font |

hô, la chô † ré chô:
hauts, la chaux † réchaud.

| eau | 1°. o | de lò , bo kou : |
| | | de l'eau, beaucoup : |

a gno : | 2°. ô^ | lêz ô, lê kou tô.
agneau : | | les eaux les couteaux.

ei	è	bè gnè, trèz^e, çèz^e. beignet, treize, feize.

ey	è-i^e	a çè ié vou. affeyez vous.

&	é	vouz é moè. vous & moi.

eu	1°. *	eu rop^e, le heur toèr, Europe, le heurtoir,

leur^e.   le feu, i-l ê bleu, i-l peu; èl^e ê bleu^e.
l'heure. le feu, il eft bleu, il peut; elle eft bleue.

2°. eû	eû, deû, lê jeû; eu reû. eux, deux, les jeux; heureux.

èl^e còn bleû^e.	3°. u	jé u, je ou tu
elles font bleues.		j'ai eu, je ou tu

u, i-l u, i-lz ur^e.
eus, il eut, ils eurent.

eû	1°. *	jeû nèr. jeûner.	2°. u	i-l il

fa lè ki-l u; nouz um^e, vouz ut^e.
falloit qu'il eût; nous eûmes, vous eûtes.

œ	1°. é	é dip^e (om^e. Œdipe (homme.)

| 2°. eu | eu ilè. |
| | œillet. |

| œu | 1°. eu | euvrᵉ, beuf, çeur ; |
| | | œuvre, bœuf, fœur ; |

| un veu. | 2°. eû | lê veû. |
| un vœu. | | les vœux. |

| oi | 1°. oè | oè zo, oèr (é ri tié,) |
| | | oifeau, hoir (héritier,) |

boèrᵉ : le roè, moè, toè, çoè, koè, ki-l çoè.
boire : le Roi, moi, toi, foi, quoi, qu'il foit.

| 2°. oê | lê boê, lê droê, lê loê, la |
| | les bois, les droits, les loix, la |

voê (du go zié,) la voêᵉ (che min,) lêz
voix (du gôfier,) la voie (chemin,) les

oêᵉ, ki-l çoêᵉ. † le poê (pour pe zèr.)
oies, qu'ils foient. † le poids (pour pefer.)

| 3°. è | ko nè çançᵉ ; i-l a vè, o rè, |
| | connoiffance ; il avoit, auroit, |

é tè, çe rè. | 4°. ê | je ou tu a vê, o rê,
étoit, feroit. | | je ou tu avois, aurois,

jé tê, je çe rê ; i-lz avê, o rê, i-lz
j'étois, je ferois ; ils avoient, auroient, ils

é tê ,   i-l çe rê.
étoient , ils feroient.

| Oî | 1°. oê | boête , kroêtr*e*.
boîte , croître. |

| 2°. ê | ko nêtr*e* ,   pa rêtr*e*.
connoître , paroître. |

| oy | oè-i*e* | boè io ,   doè iin ;
boyau ,   Doyen ; |

çoè ion , roè iom*e*.
foyons , royaume.

| ou | * | vouz ou moè , ou bli èr,
vous ou moi , oublier , |

le hou blon , le jour; la ma dou , nou , vou ;
le houblon , le jour ;. l'amadou , nous , vous ;.

le bou , lêz é gou , lê bi jou. † i-l kou , je
le bout , les égouts , les bijoux. † il coud , je

ou tu ré zou , i-l ê çou , le pou (de lar tèr*e*,)
ou tu réfouds , il eft foul , le pouls (de l'artere,)

un loup : je ou i-l lou*e* , tu jou*e* , touç nou*e*.
un loup : je ou il loue , tu joues , tous nouent.

*na ʒal*e*.*
NAZALES. | aen | an | kan (vi-l*e*.)
Caen (Ville.)

| aim | in | la fin
la faim | (a pé ti ,
appétit,) | lê
lês |

din (bêt^e.)
daims (bêtes.)

| ain | in | in çi : le pin ; i-l çon
ainſi : le pain ; ils ſont |

vin, un çin (biin-ⁿ eu reû,) lê çin.
vains, un ſaint (bienheureux,) les ſaints.

| am | an | (devan b ou p
devant b ou p) |

an bi çion, an poul^e, han bourk (vi-l^e ,)
ambition, ampoule; Hambourg (Ville,)

kan boui, lanp^e ; a dan : † le kan (dar mé^e,)
cambouis, lampe; Adam : † le camp (d'armée,)

lê chan.
les champs.

| an | * | unⁿ an; la hanch^e : un
un an ; la hanche : un |

ru ban, lê ti ran ; unⁿ an fan, lê ma nan. † un
ruban, les tyrans; un enfant, les manants. † un

ban (çié j^e,) un glan, unⁿ é tan.
banc (ſiége,) un gland, un étang.

| aon | an | lan
Laon | (vi-l^e,
Ville,) |

lê pan (oè zô.
les paons (oiſeaux.)

| ean | an | jan
Jean | (om^e.
homme.) |

an man jan.
en mangeant.

| ein | in | findr^e : le çin (poé
feindre : le ſein (poi- |

trin^e,) lê dè çin, i-l ê tin, i-l çon pin.
trine,) les deſſeins, il eſt teint, ils ſont peints.

† le çin (çi gna tur^e.
† le ſeing (ſignature.)

| en | 1°. an | añ frç^e ; hañ ri
en France, Henri |

(om^e,) man tir : le ou lê çan (fa kul té
(homme,) mentir : le ou les ſens (facultés

du kor,) un çan (nombr^e,) i-l çont
du corps,) un cent (nombre,) ils ſont

ar dan. † i-l ran, je ou tu dé pan ; le ha ran.
ardents. † il rend, je ou tu dépends ; le hareng.

| 2°. in | | è gza min, min tor ⟮ om^e. ⟯ |
| | | examen, Mentor ⟮ homme. ⟯ |

| **eun** | un | i-l êt à jun. |
| | | il eſt à jeun. |

| **im** | in | ⟮ de van *b* ou *p* ⟯ jin- |
| | | ⟮ devant *b* ou *p* ⟯ gim- |

blét^e, in prè çion.
blette, impreſſion.

| **ym** | in | ninf^e ; tin ⟮ plant^e. ⟯ |
| | | nymphe ; thym ⟮ plante. ⟯ |

| **in** | * | in do lanç^e, çin kant^e : un |
| | | indolence, cinquante : un |

mou lin, dê la pin † un^n inç tin, vin piç-
moulin, des lapins † un inſtinct, vingt piſ-

tol^e, çin çou.
toles, cinq ſols.

| **yn** | in | çin dik ⟮ di gni té. ⟯ |
| | | ſyndic ⟮ dignité. ⟯ |

| **om** | on | ⟮ de ván *b* ou *p* ⟯ onbr^e, |
| | | ⟮ devant *b* ou *p* ⟯ ombre, |

le jeu de lonbr^e : konbl^e, ponp^e : le non,
le jeu de l'hombre : comble, pompe : le nom,

lê pro non. † le plon , i-l ê pron.
les pronoms. † le plomb , il eſt prompt.

| on | * | on di , la honte, pon tife :
on dit , la honte, pontife : |

mon , ton , çon de voèr ; non ; nouz a von ,
mon , ton , ſon devoir ; non ; nous avons,

ô ron , çe ron ; i-lz on , o ron ; i-l çon , çe ron ,
aurons, ſerons ; ils ont, auront ; ils ſont, ſeront,

lêz a fron. † du jon , un gon , i-l ê lon.
les affronts. † du jonc, un gond, il eſt long.

| um | un | un ble man : † par fun.
humblement : † parfum. |

| un | * | un livre ; lun di : cha kun,
un livre ; lundi : chacun, |

lêz un , le dé fun , lêz an prun.
les uns, le défunt, les emprunts.

| III. | a pli kâ çion dê çonz ô kon çone
Application des Sons aux conſonnes |

çé di ilé é a poç tro fé , é ô kon çone
cédillées & apoſtrophées, & aux conſonnes

ann a çan blaje.
en aſſemblage.

| ç | * | la çé diile forçe le c o
la cédille force le c au |

çon çe lorçke çète lètre nê pá de van e
fon ç lorſque cette lettre n'eſt pas devant e

ou i dan le mêmе mo. i-l força, i-l pla çè ,
ou i dans le même mot. il força, il plaçoit,

i-l kon çu.
il conçut.

| c' | ç | la poç trofe tiin la plaçе
L'apoſtrophe tient la place |

de a ou e ou i re tran ché çê vou , da do rèr,
de a ou e ou i retranché c'eſt vous, d'adorer,

jé , ja vê , jo rê , jo ré , jo nore , lèç pri ,
j'ai, j'avois, j'aurois, j'aurai, j'honore, l'eſprit,

i-l mèmе , nê ti-l pâ vrè, ki-l, i-l çê tron pé,
il m'aime, n'eſt-il pas vrai, qu'il, il s'eſt trompé,

çi-l viin , i-l tèç tïmе.
s'il vient, il t'eſtime.

| ch | 1°. * | cha ri té : la kruchе
charité : la cruche, |

lê pochе , i-lz a tachе.
les poches, ils attachent. | 2°. k | eu ka-
Eucha-

riç tie , keur de mu zike : kriçt , kré tiïn.
riſtie , chœur de muſique : Chriſt, chrétien.

| gn | * | i gno rancᵉ : un pègnᵉ, tu
ignorance : un peigne, tu

rognᵉ , i-lz é pargnᵉ.
rognes, ils épargnent.

| il | 1°. * | (pré çé dé de *a, e, eu, ou*
précédé de *a, e, eu, ou*)

unn é van tail, un kon çèil, un fo teuil, du
un éventail, un conſeil, un fauteuil, du

ſe nouil. | 2°. i-il | (ran fèr man le çon *i*
fenouil. renfermant le ſon *i*)

a vriil, lê pé riil. | 3°. i-l | i-l ê, i-l çon :
Avril, les périls. il eſt, ils ſont :

un fi-l, dê jan çub ti-l.
un fil, des gens ſubtils.

| ill | 1°. il | (pré çé dé de *a, e, eu, ou*
précédé de *a, e, eu, ou*)

ba ili ajᵉ, mè ileur, feu ilè, bou ilon : je ou i-l
bailliage, meilleur, feuillet, bouillon : je ou il

tra vailᵉ, tu kon çèil, ke touç veuilᵉ, je
travaille, tu conſeilles, que tous veuillent, je

ou i-l fouil^e.	2°. i-il	(ran fèr man
ou il fouille.		renfermant

le çon *i*)	bi ilè : la fa miil^e, lê fiil^e, lêz un
le fon *i*)	billet : la famille, les filles, les uns

briil^e.	3°. i-l	mi-l^e (nombr^e) lê
brillent.		mille (nombre) les

vi-l^e.

villes.

qu	k	katr^e, ka rant^e : ki ,
		quatre, quarante : qui ,

ke , koè, le kèl : un^e pik^e , dê mark^e ,
que, quoi, le quel : une pique, des marques ;

touç çe mok^e.

tous fe moquent.

ph	f	fa ra on ; jo zèf : lor to-
		Pharaon ; Jofeph : l'Ortho-

graf^e, lê fi lo zof^e, lêz un tri onf^e.
graphe, les Philofophes, les uns triomphent.

rh	r	ré to rik^e : do né dêz
		Rhétorique : donnez des

ar^e.

arrhes.

th	**t**	té o lo jie : un lut (inç tru- Théologie : un luth (inftru-

man de mu zik ;) marte (fame.)
ment de mufique ;) Marthe (femme.)

fc	1°. ç	çène de té âtre, fcene de théatre,

çiançe. | 2°. çk | çkan dale, çkul teur.
fcience. | | fcandale, fculpteur.

fç	ç	ça voèr, (ad vèrbe) mieû fçavoir, (adverbe) mieux

ça voèr.
favoir.

I V.	a pli kâ çion dê çonz ô voè ièle Application des fons aux voyelles

dif tongue.
diphtongues.

ia	1°. *	dia man : le ra ta fia, tu diamant : le ratafia, tü

é tu dia, le no vi çia. | 2°. iâ | lêz a ka çiâ,
étudias, le noviciat. | | les acacias,

vi ka riâ.
vicariats.

| iâ | ia | i-l fa lè   ki-l   é tu dia ,
il falloit qu'il étudiât , |

nou   kon jé diam^e, vou   re mèr çiat^e.
nous congédiâmes, vous remerciâtes.

| iai | 1°. ié | i èr   je dé fié.
hier je défiai. |

| 2°. iè | niè zèr.
niaifer. |

| iau | io | mio lèr.
miauler. |

| ie- | 1°. ié | i-l fôt   é tu dié   çur
il faut étudíer ſur |

çê pa pié , vouz é di fié. † lé pié ,   je ma çié.
ces papiers, vous édifiez. † le pied , je m'affieds.

| 2°. iè | pli èr a çê , touç çé kri èr^e.
plier affez , tóus s'écrierent. |

| ié | * | jé kon fié , i-l çont èkç pé dié ,
j'ai confié , ils font expédiés , |

èl^e ê ma rié^e, èl^e   çon ça kri fié^e , cêz or ne-
elle eft mariée , elles font facrifiées , ces orne-

man çié^e.
mens fiéent.

ieu	1°.*	lieu te nan : le mi lieu.
		Lieutenant : le milieu.

2°.ieû	lê çieû, une lieûe, deux lieûe.
	les cieux; une lieue, deux lieues.

io	1°.*	ba bioļe : unh i dio.
		babiole : un idiot.

2°. iô	lê cha riô.
	les chariots.

ioi	1°. iè	i-l pri è.
		il prioit.

2°. iê	je çu pli ê, touç kri ê.
	je suppliois, tous crioient.

iu	*	çiurè de boê.
		sciure de bois.

oi	1°.oè	boè ço ; moè, toè,
		boisseau, moi, toi,

çoè, koè ; ki-l çoè.	2°. oê	le ou lê
foi, quoi; qu'il foit.		le ou les

boê, ke je ou tu çoê, ke touç çoêe ; lá voê
bois, que je ou tu fois, que tous foient; la voix

(du go zié,)	la voêe	(che min,)	lê
(du gofier,)	la voie	(chemin,)	les
			joêe,

joê̂ᵉ, i-lz a boê̂ᵉ.
joies, ils aboient.

| oî | oê̂ | boêtᵉ, kroêtrᵉ. |
| boîte, croître. |

| oy | oè-i | boè io, roè iomᵉ. |
| boyau, royaume. |

| oua | * | i-l joua, loua, noua. |
| il joua, loua, noua. |

| ouâ | i-l fa lè ki-l joua ; i èr nou |
| il falloit qu'il jouât ; hier nous |

lou amᵉ, vou nou atᵉ.
louâmes, vous nouâtes.

| oue- | 1°. oué | i-l fô loué |
| il faut louer |

dieu ; vou joué. | 2°. ouè | un fouè :
Dieu ; vous jouez. | un fouet :

jouèr an çanblᵉ, plu zieur louèrᵉ.
Jouer ensemble, plusieurs louèrent.

| 3°. ouê̂ | lê jouê̂ (bi jou dan fan.)
| les jouets (bijoux d'enfant.)

| oué | i-l ê doué, i-l çon loué ;
| il est doué, ils font loués ;

C

èlᵉ ê nouéᵉ, èlᵉ çon douéᵉ.
elle eſt nouée, elles ſont douées.

| oui | * | oui, çe la ê ; i-l a joui,
oui, cela eſt ; il a joui,

i-l çont é blou i ; èlᵉ ç'è ré jou iᵉ, èlᵉ çont
ils ſont éblouis ; elle s'eſt réjouie, elles ſont

é pa nouiᵉ.
épanouies.

| ouoi | 1°. ouè | i-l jou è ,
il jouoit,

lou è, nou è. | 2°. ouê | je ou tu jou ê ;
louoit, nouoit. je ou tu jouois;

touç louêᵉ.
tous louoient.

| ua | * | i-l diç tri bua.
il diſtribua.

| uâ | nou tu amᵉ, vou çu atᵉ.
nous tuâmes, vous ſuâtes.

| uai | 1°. ué | i èr je kon tri bué.
hier je contribuai.

| 2°. ûe | le çank tuèrᵉ.
le ſanctuaire.

| ue- | 1°. ué | on doèt a tri bué |
| | | on doit attribuer |

| çe la, vou re mué. | 2°. uè | rèç ti tuèr |
| cela, vous remuez. | | reftituer |

un biin ; i-l kon ti nuèr^e,
un bien ; ils continuèrent.

| ué | i-l ê çi tué, i-l çont a té nué ; |
| | il eft fitué, ils font atténués ; |

èl^e êt a bi tué^e, èl^e çon tor tué^e,
elle eft habituée, elles font tortuées.

| ui | * | le hui tièm^e, luï çié : lui, |
| | | le huitieme, l'Huiffier : lui, |

çe lui : je çui, la nui, le ou lê pui : la çui^e
celui : je fuis, la nuit, le ou les puits : la fuie

de che mi né^e, lê plui^e, touç çan fui^e,
de cheminée ; les pluies, tous s'enfuient.

| uoi | 1°. uè | i-l çubç ti tuè, |
| | | il fubftituoit. |

| 2°. uê | i-lz inç ti tuê, je ou tu çuê. |
| | ils inftituoient, je ou tu fuois. |

| na zal^e. NAZALES. | ian | * | an re mé dian, |
| | | | en remédiant, |

lêz é tu dian. è ian , fa iançᵉ.
les Étudiants. ayant , faïance.

| ien | 1°. ian | pa çianᶜᵉ.
 patience. |

| 2°. iin | le biin , lêz an tretiin ; je ou <br> le bien , les entretiens ; je ou |

tu viin , i-l çou tiin.
tu viens ; il soutient.

| ion | * | le lion ; lêz èç pion ; nouz <br> le lion ; les espions ; nous |

a vion , é tion.
avions , étions.

| oin | * | le be zoin , lê té moin.
 le besoin , les témoins. |

| ouan | * | louanjᵉ : an jouan.
 louange : en jouant. |

| ouin | * | un ça gouin (péti <br> un sagouin (petit |

çinjᵉ ,) dê mar çouin (poè çon.)
singe ,) des marsouins (poissons.)

| ouon | * | nou jouon , lou on.
 nous jouons , louons, |

| uan | * | an kon tri buan , an çuan.
en contribuant , en fuant. |

| uin | * | juin,
Juin. |

| uon | * | nou ça lu on.
nous faluons. |

V. a pli kâ çi on dê çonz ô kon çon^e
Application des Sons aux confonnes.

dif tongu^e.
diphtongues.

| bl | * | blâ mèr : je ou i-l a çanbl^e ;
blâmer : je ou il affemble , |

tu troubl^e , i-lz a kâbl^e.
tu troubles , ils accablent.

| br | * | bro chè : je ou i-l çé lèbr^e ,
brochet : je où il célebre , |

tu dé manbr^e , lêz un çe kâbr^e (çe fâçh^e.)
tu démembres, les uns fe câbrent fe fâchent.

| cl | kl | klèr jé ; un çèrkl^e , lê
Clergé ; un cercle , les |

dé bâkl^e , plu zieur dé boukl^e.
débâcles , plufieurs débouclent.

cr	kr	kri mi nèl : un fiakr^e ; i-l criminel : un fiacre ; ils

çon mé di okr^e, touç kon çakr^e.
font médiocres, tous confacrent.

chr	kr	kriç ti a niçm^e. Chriftianifme.

dr	*	dra gon : pèrdr^e, lê poüdr^e, dragon : perdre, les poudres,

i-lz an kâdr^e.
ils encadrent.

fl	*	flé chir : je ou il çoufl^e, tu fléchir : je ou il foufle, tu

re nifl^e, i-lz é rafl^e (é gra tign^e.)
renifles, ils éraflent (égratignent.)

fr	*	fron tièr^e : un chifr^e, tu frontiere : un chifre, tu

çoufr^e, i-lz ofr^e.
fouffres, ils offrent.

gl	*	glo ri fièr : du çègl^e, lêz glorifier : du feigle, les

ongl^e, touç çe règl^e.
ongles, tous fe reglent.

gr	*	gran deur : du vi nègr^e, lê grandeur : du vinaigre, les

nègr^e, touç dé nigr^e (mé priz^e.)
Negres, tous dénigrent (méprisent.)

pl	*	plon gèr : le peupl^e ; i-1 çon plonger : le peuple ; ils font

çoupl^e, touç kon tanpl^e.
fouples, tous contemplent.

phl	fl	flègm^e. phlegme.

pr	*	prandr^e : la lèpr^e, lê vêpr^e. prendre : la lepre, les Vêpres.

phr	fr	frâz^e, fri jiin. phrafe, Phrygien.

phth	ft	fti zi^e (ma la di^e. phthifie (maladie.)

pf	pç	pçom^e. pfeaume.

tr	*	tran ki-l^e : êtr^e, kon batr^e, tranquille : être, combattre,

lêz ar bitr^e, i-lz an re jiçtr^e, i-lz antr^e.
les arbitres, ils enregiftrent, ils entrent.

ſc	çk	çkan dalᵉ, çkul teur. ſcandale, ſculpteur.
ſcr	çkr	çkru pulᵉ. ſcrupule.
ſp	çp	çpèk taklᵉ. ſpectacle.
ſph	çf	çfèrᵉ. ſphere.
ſpl	çpl	çplan deur. ſplendeur.
ſqu	ck	cké lète. ſquélette.
ſt	çt	çta tuᵉ. ſtatue.
ſtr	çtr	çtruk türᵉ. ſtructure.
X	1°. çk	a lè kçandrᵉ, a lè kçi. Alexandre, Alexis.
	2°. gz	è gza mi nèr, è gzi lèr. examiner, exiler.

èkç pli kâ çion

èkç pli kâ çion du no ta du
Explication   du Nota du

deû zième ta blo,
deuxieme Tableau.

| 1 | à, ù; î, û. | lêz ak çan çur çê |
| | | Les accents fur ces |

voè ièle nan chanje   poin lê çon kèlz
voyelles n'en changent point les fons qu'elles

on çan çêz ak çan : è gzanple, *a pa ri*, *ou ét-*
ont fans ces accens : Exemples, *à Paris*, *où eft-*

i-l? i-l fa lè ki-l fi, ki-l fù, ki-l vin.
il? il falloit qu'il fît, qu'il fût, qu'il vînt.

| 2 | ë, ï, ü. | le tré ma ou deû |
| | | Le tréma ou deux |

poin çur voè ièle ne çèr ka   an pê ché ke la
points fur voyelle ne fert qu'à empêcher que la

voè ièle tré ma ne façe çi labe a vèk la voè-i.
voyelle tréma ne faffe fyllabe avec la voy.

pré çé dante, è gzanple, *jo èl, mo iz̧e, ça ul.*
précédente. Exemples, *Joël, Moïfe, Saül.*

H

| 3 | ha, he. | la lètr̃ çimpl̃ *h* çoèt
La lettre simple *h* soit

aç pi ré, çoè non aç pi ré, na joutᵉ o kun çon
aspirée, soit non aspirée, n'ajoute aucun son

a la voè ièl ki la çui ; é èl nê pro pre-
à la voyelle qui la suit ; & elle n'est propre-

man ke lètr̃ da kon pa gne man, komᵉ dan
ment que lettre d'accompagnement, comme dans

lè *ha mo*, *la bi*, le *hé rô*, *lèr bᵉ*, le *hi bou*, *li vèr*.
le *hameau*, l'*habit*, le *héros*, l'*herbe*, le *hibou*, l'*hiver*.

| 4 | ail, aill. | danz *ai* çui vi de *l*
Dans *ai* suivi de *l*

mou ilé, lâ nê pâz anⁿ a çan blajᵉ a vèk *i* pour
mouillée, l'*a* n'est pas en assemblage avec *i* pour

do nè le çon è, komᵉ danz *è mèr* ; mê l*a*
donner le son *è*, comme dans *aimer* ; mais l'*a*

donᵉ çeul le çon ki-l a na tu rè le man, é l'*i*
donne seul le son qu'il a naturelement, & l'*i*

nê plu ke da kon pa gne man pour faire
n'est plus que d'accompagnement pour faire

mou ilé *l* komᵉ dans *bail*, *pâiᵉ*.
mouiller *l* comme dans *bail*, *paille*.

| 5 | bb, cc. | lê kon çon^e dou blé^e
Les confonnes doublées

ne don^e   préç ke ja mê ke le çon de·la kon-
ne donnent prefque jamais que le fon de la con-

çon^e çinpl^e, kom^e danz *a bé*, *a kor.*
fonne fimple, comme dans *Abbé*, *accord.*

| 6 | cu, vu. | la lètr^e *u* antr^e *c* é
La lettre *u* entre *c* &

i dan *re kèil*, ê lètr^e da kon pa gne man , çer-
i dans *recueil*, eft lettre d'accompagnement, fer-

vant a for çé le *c* o çon *ke* devant *e*, ou le *c* o rè
vant à forcer le *c* au fon *ke* devant *e*, où le *c* auroit

na tu rè le man le çon *çe*, kom^e   dans *re çet^e*;
naturelement le fon *çe*, comme dans *recette*;

mê   dan   lan çièn^e   or to graf^e   de *vid^e*, lu
mais dans l'ancienne orthographe de *vuide*, l'*u*

antr^e le *v* é li né tè   que da kon pa gneman
entre le *v* & l'*i* n'étoit que d'accompagnement

i nu til^e.
inutile.

| 7 | g^e, gu. | la lètr^e *e* antr^e *g*
La lettre *e* entre *g*

é a danz *or ja* ê lètr^e da kon pa gneman
& a dans *orgeat* eſt lettre d'accompagnement

çèr vant a for çé le *g* o çon *je* devant *a*, ou i-l
ſervant à forcer le *g* au ſon *je* devant *a*, où il

o rè na tu rè le man le çon *gue*, kom^e dan
auroit naturelement le ſon *gue*, comme dans

garde : i-l anⁿ ê de mêm^e de la lètr^e *u* antr^e *g*
garde : il en eſt de même de la lettre *u* entre *g*

é *i* dan le mo *guid*^e ; çèt *u* ne çèr ka for çé
& *i* dans le mot *guide* ; cet *u* ne ſert qu'à forcer

le *g* o çon *gue* de vant *i*, ou la lètr^e *g* o rè
le *g* au ſon *gue* devant *i*, où la lettre *g* auroit

na tu rè le man le çon *je* kom^e dan *ji bié,*
naturelement le ſon *je* comme dans *gibier.*

| 8 | mn, pt, ſl, ſch. | dan çê
Dans ces

katr^e a çan blaj^e, la pre mièr^e kon çon^e de
quatre aſſemblages, la premiere conſonne de

chak^e a çan blaj^e nê ke da kon pa gne man
chaque aſſemblage n'eſt que d'accompagnement

dan çê mô *ço la nèl, kon toèr, il*^e*, chiçm*^e ; é
dans ces mots *ſolemnel, comptoir, iſle, ſchiſme ;* &

lé de van *mn* dan *ço la nèl*, de même ke   de van
l'e devant *mn* dans *solemnel*, de même que devant

mm dou blée, pran le çon *a*, kome dan *fame*,
mm doublée, prend le son *a*, comme dans *femme*,

pru da man.
prudemment.

règle ᶻ a çuivre pour diç tingué danz un mo
Regles à suivre pour distinguer dans un mot

lê lètre ki fon çi labe an çanble, d'a vèk
les lettres qui font syllabe ensemble, d'avec

çèle ki dan le même mo, forme ᵗ une ôtre
celles qui dans le même mot, forment une autre

çi labe.
syllabe.

| 1°. | i-l fô ça voèr biin diç tin gué lê
| | Il faut savoir bien distinguer les

lètre. voè ièle da vèk lê lètre kon çone; é
lettres voyelles d'avec les lettres consonnes; &

ob çer vé kune lètre kon çone ne peu ja mê
observer qu'une lettre consonne ne peut jamais

fère çi labe èle çeule; o lieu kune lètre
faire syllabe elle seule; au lieu qu'une lettre

voè ièle le peu.
voyelle le peut.

| 2°. | çi donk un mo ko mançe par une
Si donc un mot commence par une

çon çone, çoè çinple, çoè kon pozée, çoè dif-
confonne, foit fimple, foit compofée, foit diph-

tongue, onn et a vèr ti par-la, ke lonn èt o bli jé,
tongue, on eft averti par-là, que l'on eft obligé,

pour la fère ço né, di joindre la voè ièle ki
pour la faire fonner, d'y joindre la voyelle qui

çui ; é çète voè ièle peut o çi être ou çinple,
fuit ; & cette voyelle peut auffi être ou fimple,

ou kon po zée, ou dif tongue. è gzanple dê troê
ou compofée, ou diphtongue. Exemples des trois

çorte de kon çone : *b*, *ph*, *gl*. è gzanple dè troê
fortes de confonnes : *b*, *ph*, *gl*. Exemples des trois

çorte de voè ièle *a*, *eu*, *oi*.
fortes de voyelles *a*, *eu*, *oi*.

| 3°. | çi a prê çète voè ièle, i-l çe trouve
Si après cette voyelle, il fe trouve

une kon çone, ki nè pâ de çon voè ièle plin
une confonne, qui n'ait pas de fon voyelle plein

a prèz èl^e, joè gnéz an kor^e çèt^e kon çon^e a vek
après elle, joignez encore cette confonne avec

la voè ièle pré çé dant^e, ki fe ra an kor^e ço né
la voyelle précédente, qui fera encore fonner

çèt^e çe gond^e kon çon^e; é la çi lab^e çe trou-
cette feconde confonne; & la fyllabe fe trou-

ve ra a lorç kon po zé^e dun çon kon çon^e, dun
vera alors compofée d'un fon confonne, d'un

çon voè ièl^e, é dunⁿ ôtr^e çon kon çon^e, kom^e
fon voyelle, & d'un autre fon confonne, comme

dan *rob^e*, *pik^e*, *prêtr^e*.
dans *robe*, *pique*, *Prêtre*.

| 4°. | le de mi çon de lé muè ne four-
| Le demi - fon de l'*e* muet ne four-

ni çan pâ dan la proz^e un çon voe ièl^e plin;
niffant pas dans la profe un fon voyelle plein;

lê troè çort^e dé fé mi nin, ça voèr le fé mi nin
les trois fortes d'*e* féminins, favoir le féminin

premié *e*, le fé minin deû zièm^e *es*, é le fé mi-
premier *e*, le féminin deuxieme *es*, & le fémi-

nin troè zième *ent*, ne çon point unⁿ obç takl^e a
nin troifieme *ent*, ne font point un obftacle à

la ma nière dé pè lé çi-dè çu ; an çorte konⁿ
la maniere d'épeller ci - deſſus ; en ſorte qu'on

é pèle de même   an di zan
épelle de même *aime, aimes, aiment,* en diſant

çin ple man par lê çon plin   *ème.*
ſimplement par les ſoms pleins *ème.*

| 5°. | lorç ka prêz une voè ièle , i-l çe
| | Lors qu'après une voyelle , il ſe

trouve une kon çone, çoè çinple, çoè kon pozée,
trouve une conſonne, ſoit ſimple, ſoit compoſée,

çoè dif tongue, çuivie dune voè ièle dun çon
ſoit diphtongue, ſuivie d'une voyelle d'un ſon

plin , la kon çone ne çe join pâz a la voè ièle
plein , la conſonne ne ſe joint pas à la voyelle

pré çé dante, mêz a la voè ièle çui vante, kome
précédante, mais à la voyelle ſuivante, comme

dan *pa ri, pâ té, pa kè, pa triè.*
dans *Paris, pâté, paquet, patrie.*

| 6°. | çi a prê la voè ièle i-l çe trouve
| | Si après la voyelle il ſe trouve

deû kon çone, ki ne forme pâ dif tongue,
deux conſonnes, qui ne forment pas diphtongue,

a lorç

a lorç on join la pre mièr^e dê deû kon çon^e
alors on joint la premiere des deux confonnes

a vèk là voè ièl^e pré çé dant^e , é la deû zièm^e
avec la voyelle précédente , & la deuxieme

kon çon^e a vèk la voè ièl^e fuivant^e , kom^e dan
confonne avec la voyelle fuivante , comme dans

par vi , mar tin.
parvis , Martin.

| 7°. | çi an fin i·l çe trouv^e a prê la
| | Si enfin il fe trouve après la

voè ièl^e troê, kon çon^e , don la pre mièr^e nè
voyelle trois confonnes , dont la premiere nè

form^e pâ dif tongu^e a vèk lê deû çui vant^e ,
forme pas diphtongue avec les deux fuivantes ,

on join la pre mière kon çon^e a vèk la voè ièl^e
on joint la premiere confonne avec la voyelle

pré çé dant^e , é la kon çon^e dif tongu^e á vèk le
précédente , & la confonne diphtongue avec le

çon voe ièl^e plin ki çui, kom^e dan *aç tro-*
fon voyelle plein qui fuit , comme dans *aftro-*

nom^e ; é çi·l ni a poin de dif tongu^e dan lê
nome ; & s'il n'y a point de diphtongue dans les

kon çon^e, la pre miér^e voè ièl^e fè çon é lê

consonnes, la premiere voyelle fait sonner les

deûz ou troê pre miér^e kon çon^e, é la dèr-

deux ou trois premieres consonnes, & la der-

nièr^e dê kon çon^e çe joint a vèk le der nié çon

niere des consonnes se joint avec le dernier son

voè ièl^e plin, kom^e dans *açt ma tik^e.*

voyelle plein, comme dans *asthmatique.*

F I N.

E R R A T A.

PAGE 32, *ligne* 5, il-z, *lisez* i-lz.

Pag. 34, *lig.* 1, vous, *lif.* vouz.

Pag. 37, *lig.* 8, il-z *lif.* i-lz.

Pag. 48, *lig.* 10, loup, *lif.* lou.

Pag. 53, *lig.* 2, devan, *lif.* devant.

Pag. 65, *lig.* 3, plon-gèr, *lif.* plon jèr.

      lig. 5, flègm^e, *lif.* flègm^e.

Pag. 66, *lig.* 9, 1°. çk, *lif.* 1°. kç.

mains de notre très-cher & féal Chevalier Garde des
Sceaux de France, le Sieur HUE DE MIROMENIL ; &c.
le tout à peine de nullité des Préfentes : DU CONTENU
defquelles vous MANDONS & enjoignons de faire jouir
ledit Expofant, & fes ayans caufes, pleinement & pai-
fiblement, &c. VOULONS qu'à la copie des Préfentes, &c.
foi foit ajoutée comme à l'original. COMMANDONS au
premier notre Huiffier ou Sergent fur ce requis, de faire
pour l'exécution d'icelles, tous actes requis & nécef-
faires : &c. Car tel eft notre plaifir. Donné à Paris, le
vingt-troifieme jour du mois de Juillet, l'an mil fept
cent foixante-dix-fept, & de notre Régne le quatrieme.
Par le Roi en fon Confeil.

L E   B E G U E.

*Regiftré fur le Regiftre XX. de la Chambre Royale &
Syndicale des Libraires & Imprimeurs de Paris, N° 1075.,
folio 389, conformément au Réglement de 1723, qui fait
défenfes, article IV, à toutes perfonnes, de quelque qualité &
condition qu'elles foient, autres que les Libraires & Imprimeurs, de vendre, débiter, faire afficher aucuns Livres pour
les vendre en leurs noms, foit qu'ils s'en difent les Auteurs,
ou autrement, & à la charge de fournir à la fufdite Chambre huit exemplaires prefcrits par l'article CVIII. du même
Réglement. A Paris, ce 29 Juillet 1777.*

G O G U É , Adjoint.

A PARIS, DE L'IMPRIMERIE de la Veuve HERISSANT,
rue Neuve Notre-Dame, à la CROIX D'OR.

...s et Sons des Lettres petites et Grandes / ...lphab. Franç. par les Caract. élém. des Sons.

Noms	Lettre	Sons
â	A	* â
be´	B	*
çe´	C	k ç{e,i} gu°
de´	D	* t
e´	E	* é è ê a
èf	F	* v
je´	G	j{e,i} * k
ach	H	. . . .
*	I	* è
ji	J	*
kâ	K	*
èl	L	* il
èm	M	*
èn	N	*
ô	O	* ô
pe´	P	*

Lettre	Noms	Lettre	Sons
q	kü	Q	k
r.	èr	R	*
ſ.s	èç	S	ç z
t.	te´	T	* ç
u.	*	U	*
v.	ve´	V	*
x.	ikç	X	kç/ç gz/z
y.	i grek	Y	ii i
Z.	zèd	Z	*

Ligatures et Val. en let.

&	et	ffi	ffi
œ	oe	fl	fl
Œ	OE	ffl	ffl
ct	ct	ff	ff
ff	ff	fi	ii
fi	fi	ffi	ffi
		fl	fl

ſt	ſt
w	vv
W	VV
æ	a e
Æ	AE

Noms des Acc. Points, Chiff. etc.

é	ak. èg.
è	ak. gr.
ê	ak. çir.
ë	tré.
ç	céd.
c'	ap.
⁀	tr-du.
[par]	par.
·	poin.
,	vir.
; :	

p. din. `?` p. dad. `!`

Chiffres: 1 2 3 / 4 5 6 / 7 8 9 / O zéro

Sons des Voy. fig. et en Ass.

é	*
è	* ê
ê	*
â	* a
ô	*
ai	é è ê
aî	ê
ay	è-i
aou	ou
au	o ô
eau	o ô

ei	è	ean	an
ey	è-i	ein	in
&	é	em	an
eu	* eû u	en	an in
eû	* u	eun	un
œ	é eu	im	in
œu	eu eû	ym	in
oi	oè/è oê/ê	in	*
oî	oê ê	yn	in
oy	oè-i	om	on
ou	*	on	*

Nazales

aen	an	um	un
aim	in	un	*
ain	-in		
ain	an		
an	*		
aon	an		

Sons des Cons. fig. et en Ass.

ç	*
c'	ç
ch	* k

gn	*	
il	* / i-il / i-l	
ill	il / i-il / i-l	
qu	k	
ph	f	
rh	r	
th	t	
ſc	ç çk	
ſç	ç	

Nota

1	à, ù ; î, û
2	ë, ï, ü
3	ha, he
4	ail aill
5	bb cc
6	cu vu
7	ge gu g-u

mu	pt
fl	ſch

Modeles de Dipht.

Voy.

ia	ieu
io	oi

Naz.

ian	ion

Cons.

bl	br
cl	cr
ſt	ſtr

Lettres d'Accompa.

initial.	h.
fin. masc. ord.	r. rs.
	t. ts.
	S. X. Z.
extraord.	ſt.
fém. 1 fém. 2	e. es.
fém. 3	eut.